조선수필

2015년 제3호

조선문학사

꿈을 향한 행복한 도전

열린 창틈으로 봄기운이 밀려오는 2월입니다.

수필은 시대정신을 반영하는 삶의 진솔한 고백입니다. 세상을 향한 우리의 외침이 또 다른 사람들에게 아름다운 삶을 구현하는 청향제가 되길 소망합니다.

유난히 큰 사건들이 우리를 슬프게 했던 순간들을 이겨내고, 문학적 역량을 쏟아내신 조선수필문인회원들의 왕성한 활동에 큰 박수를 보냅니다. 의기투합하여 맨땅에 헤딩하는 마음으로 시작한 『조선수필』이 창간호에 이어 제 3호가 출간될 수 있도록 적극적으로 협조해주신 회원들의 열정에 깊이 감사드립니다. 특히 이번 3호부터는 조선수필의 위상을 한 단계 더 높이기 위해 이름만 거는 형식에서 탈피하여 작품 활동을 활발히 하고 있는 생동감 넘치는 회원들만 수록하기로 가이드라인을 정했습니다. 조선수필을 사랑하는 국내외 독자들의 욕구에 부응하고, 스스로 문학적 위상을 높이기 위한 몸부림으로 봐 주시면 고맙겠습니다.

큰 사랑으로 이끌어주시고 지도해 주신 이상보 박사님, 김병권 전문협 부이사장님 그리고 초대수필로 참여해 주신 원로 교수님들과 수필가님들께 머리 숙여 감사드립니다.

조선문학의 글로벌화에 앞장서온 조선수필은 하와이에 이어 워싱턴, 오리건주에 이르기까지 영역을 넓혀 회원들이 활동하고 있습니다. 지역적 팽창과 함께 문학적 가치와 질적 향상을 위해 마음껏 역량을 펼칠 수 있도록 지면을 할애해주신 조선문학과 박진환 박사님의 전폭적인 지원이 있었기에 가능했다고 생각합니다.

서로 다른 향이 모여 아름다운 하모니를 연출하는 동인지로 거듭나기 위한 우리의 몸부림이 행복한 도전으로 이어지길 바라면서….

2015년 봄날

조선수필문인회장 강병남

조선수필 제3호 차례

제1부 초대석

제2부 회원 광장

강병남 편

김경남 편

김광화 편

김평화 편

김혜자 편

시우미 편

엄영선 편

윤항중 편

임현도 편

장원의 편

정영자 편

한주운 편

■ 표지화 : 이금희(서양화가)

제1부

초대석

■ 초대수필

문학과 인생

이상보
(문학박사 · 국민대학교 명예교수 · 수필가)

1. 문학이란 무엇인가?

문학(literature)이란 무엇을 말하는지 그 사전적 의미는 다음과 같다.

"문학이란 정서 · 사상을 상상의 힘을 빌어서 언어 또는 문자로써 표현한 예술작품. 곧 시가 · 희곡 · 평론 · 수필 등. 이 가운데 전설 · 가요 · 화술 등 언어에만 의한 구비문학 · 전승문학과, 시 · 소설 · 수필 등 문자에 의한 기록문학으로 구분하며, 기록문학 중에서도 시와 산문, 다시 순수문학 · 대중문학, 또는 농민문학 · 아동문학 등의 여러 분야로 분류함."(이희승편 『국어대사전』)

이는 문학을 좁은 뜻으로 말한 것이니 글쓴이(작가)의 상상과 감정을 통해서 읽는 이(독자)의 상상과 감정에 호소하는 이른바 순문학을 가리키고 있다.

예부터 순문학에는 서정시·서사시·극시의 세 가지가 있었다. 그러나 근대에 이르러서는 소설·수필(에세이)·비평 등의 산문문학이 크게 발달하여 그 형식적 분야를 넓혔다.

문학이 인생에게 어떤 뜻을 가지고 있는가 하는 문제는 너무 철학적인 이론이어서 짧은 시간에 다 말할 수 있는 것이 아니다.

다만 크게 보아 문학(예술)을 보는 시각에 두 가지의 경향이 있다는 것부터 이야기해 보고자 한다.

하나는 '문학을 위한 문학'이요, 또 다른 하나는 '인생을 위한 문학'이다. 앞 것은 문학 그 자체를 목적으로 삼는데 대하여 뒷 것은 문학이 인생을 위해야 한다는 생각이다. 문학을 위한 문학을 주장하는 유미주의자들은 정치·종교·윤리 등에 봉사하는 것은 문학으로 하여금 선전도구로 전락시키는 일이라고 보아 인생의 현실생활에서 벗어나려고 한다.

이와는 달리 인생을 위한 문학을 주장하는 작가들은 언제나 사람들(민중) 속에 살면서 사람들과 더불어 경험한 것을 사람들의 말(언어)로 표현한다. 그들은 사람들에 의해 키워지고, 사람들에게 돌아가서 사람들을 길러낸다. 그들은 괴로운 현실을 몸으로 느낌으로써 나(자아) 스스로의 깨달음(자각)을 가지게 하려는 생각이다.

따라서 문학의 목적은 사람들을 즐겁게 해주고, 교훈을 주며, 감동을 주는 데 있는 것이므로 결국 문학은 인생에 봉사하는 것이어야 한다. 문학이 보다 고상한 인생을 창조함으로써 현실인간의 모범이 되기 때문이다.

2. 문학을 어떻게 창작할까?

문학을 창작하는 것은 지은이의 주체적인 행위이다. 곧 지은이가 인간의 상황에 주체적으로 관여하고 있음을 뜻한다.

그러므로 먼저 무엇을 쓸까? 하는 주제(테마)의 주체적 선택이 필요하다. 문학은 윤리의 창조를 통해서 윤리적 가치를 제시해야 한다. 이는 상업주의 문학을 벗어나는 길이다.

그리고 지은이는 사람(인간)을 자기주장의 개성이 아니라 봉사하는 개성으로 파악해야 한다. 개인의 확립으로 시작한 근대문학은 개인의 상실, 인격의 상실이란 상황으로 전락했다. 문학 동기 속에 봉사의 대상이 될 만한 것이 완전히 없어진 것이 오늘의 불행이다.

여기에 건전한 문학관, 긍정적 문학관으로서 인생을 위한 문학이 요청되는 이유가 있다.

요즈음 에로티시즘(색정주의) 문학이 유행하는 것은 우리 사회에 에로틱(색정적)한 풍조가 짙게 깔려 있는 증표이다. 그런 풍조가 지은이로 하여금 에로틱한 작품을 쓰게 한다.

에로작품을 좋아하는 읽는 이들이 많기 때문에 지은이가 그에 영합하는 것이다. 문학의 감화력은 매우 큰 것이므로 지은이는 사회에 대한 책임감과 선의를 가지고 퇴폐적인 사회풍조를 순화하고, 개선하도록 인심을 돌이키는 구실을 해야 한다. 지은이는 퇴폐사회 속에서 눈에 띄지 않고 숨겨져 있는 건강한 모습을 찾아내어 그것을 묘사하고 표현해서 읽는 이들에게 보여주어야 한다.

지은이는 문학을 통해서 인생을 묘사하고, 미적 체험과 충동적 경험을 표현하며, 정서적인 감동을 표현하는 것이다. 이렇듯 인간의 경험을 묘사하고 표현함으로써 진실을 탐구하고, 진실을 묘사하여 인간의 본체를 파악하고, 이상적 인간을 창조하는 것이다.

우리가 도스토예프스키의 장편소설 '카라마조프의 형제'를 읽으면 정욕적인 아버지와, 정열적인 장남, 냉엄한 지성을 가진 무신론자인 차남, 애타적이고 순진한 삼남 등의 성격을 통해 죄의 무서움으로 가슴이 떨리고, 때 묻은 영혼이 눈물로 씻기어 깨끗해짐을 느낀다.

또 톨스토이의 소설 '전쟁과 평화'를 읽으면 나폴레옹전쟁 때의 러시아사회를 잘 알 수 있다. 특히 러시아 상류사회의 생활상과 농촌지주들의 전제성, 전선과 후방의 모순상, 전쟁과 민중의 관계 등 커다란 사회문제를 제시하고 있는 것을 본다.

또 우리는 권선징악을 주제로 한 수많은 고전소설을 가지고 있으니 '춘향전'에서 열녀 춘향이의 정절과, '심청전'에서 효녀 심청이의 효성과, '흥부전'에서의 형제우애 등을 읽음으로써 크게 감동하고 교훈을 받게 된다.

허균의 '홍길동전'을 읽으면 조선조 봉건사회의 사대부가정의 신분관계와 적서차별의 비극적 상황, 부패한 관리들과 타락한 종교에 맞서는 민중의 개혁의지가 표현되어 있음을 알 수 있다.

그러므로 지은이(작가)에게 요구되는 것은 다음과 같은 항목들이다.

(1) 지은이는 사물을 있는 그대로 보되, 넓고 깊게 보는 눈을 가져야 한다.

(2) 창작의 원동력이요, 등뼈이며, 목표인 감동의 능력을 가져야 한다.

(3) 인생 경험을 보다 높은 경험으로 재조직하는 능력을 가져야 한다.

(4) 재조직된 것을 유효적절하게 표현하고 전달하는 능력을 가져야 한다.

3. 문학을 어떻게 누릴까?

우리가 문학을 무엇 때문에 읽는가? 그 효용성을 살펴보면 다음과 같다.

(1) 오락물로서 재미를 보려고 읽는다.

(2) 어떻게 살아야 할지를 묻고자 읽는다.

(3) 주체적으로 살기 위해서 읽는다.

(4) 자신의 정서를 순화시키고자 읽는다.

(5) 인생을 넓고 깊게 알고자 읽는다.

(6) 연애에 대해서 알고, 이성 관계를 잘하기 위해서 읽는다.

(7) 글(문장)을 잘 쓰기 위해서 읽는다.

그러나 문학을 제대로 누리기 위해서는 먼저 가장 좋은 책을 많이 읽어야 한다. 문학은 읽는 이를 즐겁게 할 뿐만 아니라 그를 지적으로나 정서적으로 넉넉하게 하고, 그를 고상한 사람으로 그 인격을 높여 주므로 현실생활의 경험보다 뛰어난 보람을 얻게 한다. 그러니 문학사상의 걸작인 고전을 읽어야 한다.

러스킨은 가장 좋은 책이란 '영원한 책'이라고 했다. 영원한 책이란 어느 시대에나 최고의 가치를 드러내는 책이다. 각 시대가 그 책 속에서 저마다 새로운 뜻을 찾아낼 수 있는 책을 말한다. 이는 변하지 않는 사람을 다루기 때문에 읽는 이의 마음속에 지은이가 경험한 것과 같은 감동을 일으킬 목적으로 지은이 자신의 경험을 전달하려고 한다.

아놀드 베넷도 그의 '문학 맛보기'란 글에서 "문학을 공부하는 목적은 여가를 즐기는 것이 아니다. 자기를 눈뜨게 하는 것이고, 활기를 가져오는 것이며, 기쁨과 동정과 이해의 수용방법을 강화하는 일이다. 한 시간의 영향이 아니라 24시간의 영향이다. 세상과 사람들과의 관계를 아주 일변시키는 것이다."라고 했다.

문학을 읽음으로써 사람을 넓고 깊게 알고, 넉넉하게 이해할 수가 있다. 이처럼 지은이가 생생한 이미지를 전달해서 읽는 이로 하여금 깊이 생각하게 해주고, 문학을 읽는 기쁨을 맛보게 하는 작품이 좋은 작품이다.

문학을 읽으며 누리는 것은 구체적인 작품을 읽는 단순한 일이다. 작품인 '춘향전'을 읽어야지 그에 관한 논문을 10여 가지나 읽는다고 해서 알 수 있는 것이 아니다.

문학작품을 읽을 때는 선입관념을 버리고, 작품 자체를 첫 페이지부터 끝 페이지까지 평안한 마음으로 독서삼매경에 빠져서 읽어야 한다.

그리고 문학적 감동은 작품 전체가 조각하고 있는 이미지에서 받는 것이므로 문학을 누리는 이로서는 가장 주체적 경험이 될 것이다.

문학이란 지은이가 자기의 인생체험 속에서 발견한 진실한 이미지를 말을 매개체로 해서 형상화하는 행위이며, 그렇게 형상화한 표현의 세계를 말한다. 그러기에 문학은 지은이의 상상력으로 창조해 놓은 것이며, 그것은 이미지의 창조요 전달인 것이다. 그리고 읽는 이는 자기를 잊고 작품 속에 빠져 들어가서 그곳에 창조된 이미지를 제 마음 속으로 받아들인다. 이것이 '누린다'는 뜻이요, 그 이미지 속에 담고 있는 진실에 읽는 이의 마음이 공명·공감할 때에 감동을 일으킨다.

문학 읽기는 읽는 이의 문제의식과 같은 인격을 만나는 일이므로 그런 지은이의 모든 작품을 찾아서 읽어야 한다. 곧 작품뿐만 아니라 그의 일기와 편지 등까지도 제작 연대순으로 배열해 놓고 읽음으로써 그 지은이의 정신적 생장과 발전을 읽는 이로서 추체험하는 것이 효과적이다.

문학의 영향이란 읽는 이가 지은이와 공명·공감함으로써 인생관이나 생활방식이 몰주체적으로 그 지은이를 닮아가는 것을 말한다. 그리고 영향을 받으면서 대상의 세계를 뛰어넘어 결국 '나는 나다'라는 자기를 발견하게 된다.

한 지은이를 중심으로 같은 시대의 지은이와 비교하게 되면 독서 폭이 넓어지고, 질서가 있는 책읽기에서 알찬 지식을 얻을 수 있다.

문학작품의 읽기에는 한 작품을 놓고, (1) 혼자서 읽는 외로운 작업과, (2) 여럿이 동아리를 만들어 읽는 공동체 활동이 있다. 혼자서 읽고, 사색에 잠기는 것도 좋으나, 여럿이 모여 함께 읽으며 대화하는 것은 더욱 효과적이다.

독서동아리는 자기 의견을 여러 사람과 서로 나눔으로써 개인의 고독한 세계에서 좀 더 넓은 마당으로 끌고 나오는 것이 좋다.

그리고, 하나하나의 '동인회' 운동이 활발해지고, 생활 속에서 작품을 읽는 합평회를 가짐으로써 서로 절차탁마하는 중에 문학인으로서 확신을 가지게 된다.

끝으로 문학작품을 읽고서 받은 감동을 자기의 목소리로 표현하는 독서노트를 생활기록으로 써 보는 것이 좋다. 마침내 일기·수필·시·소설·희곡 등을 써 보고 싶은 생각이 들면 그 방면으로 공부를 계속하는 것도 바람직하다.

■ 초대수필

문학이 사랑받는 세상

김병권
(수필가 · 전 한국문인협회 부이사장)

얼마 전, 한 여중생이 지나가는 초등학생을 발 걸어 넘어뜨리고 깔깔 웃는 모습이 매스컴에 보도되어 충격을 준 일이 있다. 넘어진 초등학생은 이가 세 개나 부러졌다고 한다. 아무런 이유도 없이 나보다 힘이 약한 아이들을 괴롭히며 즐거워하는 학생들의 행태가 심심찮게 벌어지는 걸 보며 문학이 실종된 시대의 단면을 보는 것 같아 안타까운 마음 금할 길 없다. 인터넷이나 휴대폰 등 온갖 영상매체들이 제공하는 오락물에 빠져 지내는 요즘 청소년들은, 자기보다 어린 아이들을 게임 속에 등장하는 적대성(敵對性) 캐릭터로 인식하여 꼭 물리쳐야겠다는 강박관념을 갖고 있는 것 같다. 앞으로 어떻게, 무엇을 위해 살아가야 할지 한창 고민해야 할 청소년 시기에 이처럼 남을 괴롭히면서도 죄책감을 못 느끼고 재미 삼아 그런 행동을 일삼는다면 앞으로 다가올 시대는 얼마나 위험한 사회인가.

인간은 태어나면서부터 문학적인 환경에서 살아간다. 어머니의 자장가를 들으며 잠이 들고, 할머니의 옛날이야기를 들으며 자연스레 삶의 교훈을 배운다. 사람으로서 해야 될 일과 해서는 안 될 일도 동화책을 읽으며 저절로 깨우친다. 바람직한 인성교육의 가장 기초단계를 담당하고 있는 것이 바로 문학인 셈이다.

그런데 요즘 중·고교에서 배우는 문학 교육은 오히려 문학을 외면하게 만들고 있는 것 같아 안타깝다. 입시위주 교육에 치우친 나머지 문학작품을 낱낱이 획일적으로 분석하고 파헤쳐 머리 아픈 과목으로 전락시키고 있기 때문이다. 개개인의 생각이나 감성이 다 달라 작품을 받아들이는 정도도 그만큼 다양하게 마련이다. 그럼에도 정답을 정해 놓고 틀에 맞춰 일방적으로 주입을 하고 있으니 문학은 점점 외면당할 수밖에 없지 않은가.

문학의 본질은 인간 탐구이다. 다양한 삶의 모습을 언어를 통해 형상화하는 것이 바로 문학인 것이다. 독자는 문학작품을 통해 다른 사람의 생각을 이해하고, 더불어 살아갈 수 있는 지혜를 얻으며, 삶의 진정한 가치를 발견한다. 또한 작품을 통해 사회의 부조리와 모순을 지양하고, 재미와 감동과 인간 사회의 아름다움을 느끼며 희망과 삶의 용기를 얻기도 한다. 그리하여 보다 의미 있는 삶을 추구할 수 있도록 이끌어주는 것이 바로 문학의 힘인 것이다.

초·중·고교시절에 읽은 책 한 권이 부모나 교사의 백 마디 훈계보다 훨씬 영향력이 큰 경우를 주위에서 쉽게 볼 수 있다. 나의 인생관을 형성하는데 지대한 영향을 끼친 책 역시 톨스토이의 『사람은 무엇으로 사는가』라는 단편소설이었다. 인생은 자신의 노력과 힘만으로는 살아갈 수 없다는 사실을 일깨워주며, 사람은 결국 '사랑'으로 살아간다는 메시지를 전해주는 이 작품을 통해 다른 사람을 존중하고 배려하는 삶의 기본자세를 터득하게 되었다.

우리 사회엔 지금 스마트폰 열풍이 거세게 밀려오고 있다. 작은 화면을 통해 세상과 실시간으로 소통하며 원하는 정보를 언제 어디서건 얻을 수 있는 초고속 정보통신시대를 살아가고 있는 것이다. 이로 인해 문학의 위기는 갈수록 심화되고 있는 느낌이다.

아무리 영양가 있는 좋은 음식이라도 이를 섭취하지 않으면 에너지화 할 수 없는 것처럼, 아무리 훌륭한 책이라도 이것을 읽지 않으면 정신적 영양소가 될 수는 없다. 그래서 인간은 언어로 창작된 문학작품을 읽으면서 생각하고 사유하는 과정을 통해 정신적 가치를 고양(高揚)시킴으로써 총체적으로 문화발전에 기여하고 있음을 결코 잊어서는 아니 된다.

시대의 정신과 사상과 생활이 녹아있는 장편소설이나, 상징과 비유를 통해 깊은 의미가 함축된 시, 영혼을 울리는 잔잔한 수필 한 편이 우리에게 주는 힘은 실로 위대하다. 인터넷을 통해 실시간으로 지구촌 곳곳의 소식을 확인할 수 있는 새로운 패러다임의 시대에 살고 있지만 인간의 소외감은 갈수록 깊어지고 있다. 이러한 때에 좀 더 천천히 현실을 바라볼 것을 요구하는 문학의 메시지는 자신에 대해 성찰할 수 있는 기회를 제공하며 보다 인간다운 삶, 행복한 삶을 살아가기 위해 정작 필요한 것이 무엇인지 일깨워주고 있다.

지난 해 조선일보에서 '책 함께 읽자'라는 운동을 전개하여 수많은 작가와 독자에게 큰 반향을 일으킨 바 있다. 필자도 새마을운동이 한

창일 때 우리나라 국민의 정서 순화와 선성(善性) 회복의 일환으로 한성대총장이었던 고 원형갑 선생과 함께 <국민수필쓰기 운동>을 시도한 바 있다. 글쓰기를 통해 자신을 돌아보고 성찰하는 시간을 갖는다면 앞에서 예시(例示)한 학생들과 같은 일탈된 행동은 하지 않을 것이다. 문학을 사랑하게 만드는 교육은 바로 이 시대가 요구하는 창의성과 상상력을 길러주는 근원이 되기 때문이다.

일찍이 괴테는 "위대한 작품은 우리를 가르치지 않고 우리를 변화시킬 뿐이다."라고 했다. 문학이 사랑 받는 세상, 그것은 바로 심성 정화를 통해 보다 아름다운 삶을 꿈꾸게 하는 정신적 근간이 되어질 것을 믿어마지않는다.

난초

최승범
(전북대 명예교수·고하문학관 관장)

난초에 대한 이야기이자 싶으면 먼저 가람(李秉岐, 1891~1968)이 떠오른다. 손수 난초를 기르는 모습을 자주 뵈올 수 있었거니와 선생께서 창작하신 난초 소재의 시문도 적잖이 대해왔기 때문이다.

아니, 선생은 한평생을 난초와 더불어 사셨던 어른이라고 할 수 있다. 상촌 신흠(申欽, 1955~1628)은,

풀을 심으려거든 난초를 심고
나무를 키우려거든 대를 키워야지.

의 시구를 남긴 바 있다. 사람의 세상살이에 속되어짐을 막고자 함이었을 것이다. 사실 신흠은 한생 개결한 삶이었다. 그는 기품 있고 지조 있는 선비를 '여란여혜(如蘭如惠)'로 곧잘 비유하기도 하였다. 혜

도 난초의 일종이다. 난초, 혜초를 구분 없이 난초라고 일컫기도 한다. 그러나 서계 박세당(朴世堂, 1629~1703)의 『산림경제(山林經濟)』에서는 구분하여 말하였다.

한 줄기 꽃대에 한 송이 꽃이 피며 향기가 넘쳐흐르는 것이 난초이고, 한 줄기 꽃대에 6~7송이의 꽃이 피며 향기가 좀 모자라는 것이 혜초다.

가람께서는 우리나라의 한 꽃대 한 송이 꽃의 춘란(春蘭)에도 방렬한 향기의 참난초가 적지 않다며, 일찍이 영조·철종 간의 한 박학한 시인이던 이산운(李山雲)의

우리나라엔 진란이 없거니
오직 난초 비슷한 것이 있을 뿐.

이라 한 시구는 난초에의 한 무식한 소치였다는 말씀이었다.

가람께서는 어찌하여 많은 화초 중에서도 특히 난초를 사랑하고 난초를 기르셨던 것인가. 서울·향리 할 것 없이 가람이 기거하시던 울안이나 방안에는 언제나 난초가 따랐다. 저 일제하의 어두운 시절엔 30여 종 40분(盆)의 난초를 데불기도 하셨다.

꽃이 피던 시인묵객의 친구들을 초청하여 그 방렬 복욱한 향기에 술잔을 나누며 즐기셨고, 저때의 친구 분들은 '난초' 하면 가람을, '가람댁' 하면 난초병원을 연상하였다고 한다. 병든 난초도 선생 댁에 얼마 동안 맡기면 난초 본래의 기운을 되찾게 되었기 때문이다.

가람께서는 만년에 다음과 같은 술회를 하셨다.

난(蘭)과는 40여 년 깊은 인연이었다. 나의 많은 파란과 함께 난도 환난이 많았다.

교편을 잡고 독서 · 작시도 하고 고서도 사들이고 그 틈틈이 난을 길렀던 것이었다. 한가롭고 자유로운 맛은 몹시 바쁜 가운데에서 깨닫는 것이다. 원고를 쓰다가 왕왕 새우기도 하였다. 그러면 그럴수록 난의 위안이 더 필요하였다. 그 푸른 잎을 보고 방렬한 향을 맡은 순간엔 문득 환희의 별유세계에 들어 무아무상의 경지에 도달하기도 하였다.

선생의 생애엔 망국의 한, 광복 후의 혼란, 6 · 25전쟁, 군사정권하의 을씨년스러운 세월도 들어 있다. 선생이 왜 난초를 저리 사랑하였던가를 다시 챙겨 말한다는 것은 한 군더더기가 될 뿐이겠다.

호암 문일평(文一平, 1888~1939)의 『화하만필』에서 「난초찬」이나 되챙겨 본다. 난초의 뛰어남을 다섯 가지 면에서 말하였다. "①화태고아(化態高雅), ②경엽청초(莖葉淸楚) ③형향유원(馨香幽遠) ④기품우의(奇品優毅), ⑤운치섬부(韻致贍富)," 어찌 호암(湖岩)만의 난초관이라 하랴. 이러한 덕목은 옛날 우리의 선인들이면 누구나 그리워한 덕목이기도 하였다.

가람의 「난초 · ④」도 이러한 난초의 덕목을 읊음이었다.

빼어난 가는 잎새 굳은 듯 보드랍고
자줏빛 굵은 대공 하얀한 꽃이 벌고
이슬은 구슬이 되어 마디마디 달렸다.

본대 그 마음은 깨끗함을 즐겨하여

정한 모래톱에 뿌리를 서려 두고

미진(微震)도 가까이 않고 우로(雨露) 받아 사느니라.

공룡 화석을 보며

정목일
(수필가 · 한국문인협회 부이사장)

몽골자연사박물관에 갔다. 전시 공간과 수준이 좋지 못하였으나, 자료가 풍부한데다가 건립한 지가 80년이 되었다고 한다. 아직 자연사박물관을 갖지 못한 우리나라의 형편을 살펴볼 때, 몽골의 자연사박물관은 위대한 공적비처럼 눈앞에 다가온다.

세계를 지배한 나라인 만큼 광대한 국토에서 존재한 광물과 동 · 식물의 표본과 채집의 모습은 경탄을 자아내고도 남을 만했다. 호랑이, 사자, 표범, 독수리 등 맹수. 맹조류를 비롯한 동물들과 식물류를 보면서 세상은 인간만의 삶의 터전이 아님을 새삼 느낀다.

몽골자연사박물관의 압권은 무어라 해도 1층 전시공간에 우뚝 서 있는 공룡의 화석이다. 나는 이 공룡화석 앞에서 걸음을 멈춘 채 입을 벌리고 경이와 신비의 눈빛을 감추지 못한다. 높이 15m에 무게가 4~

5톤 정도로 추정되는 '타르보사우르스'라는 육식 공룡이 입을 벌리고 서 있다. 공룡이 이 지상에 나타난 것은 약 2억 3천만 년 전이라고 한다. 실제 크기에서도 콤프소그나투스 같이 80센티미터의 비둘기만한 크기에서부터 쎄이스모사우러스 같이 40m가 넘는 공룡까지 그 크기도 다양하다. 현재까지 알려진 종류만도 약 600속에 달하고 있다.

나는 몽골자연사박물관에서 문득 산등성이 같은 거대한 공룡과 만난다. 이미 2억 년이나 넘는 중생대의 공룡 앞에서 나는 무척 초라하고 보잘 게 없어 보인다. 이 공룡화석은 고비사막에서 채집된 것으로 전 세계적으로 보기 드물게 완벽에 가까운 원형의 모습이라고 한다. 자세히 보니, 사막에 흩어졌던 수천 개의 공룡 뼈들을 모아 순서대로 꿰맞추어 놓았다. 2억 년 전 태고의 공간에서 살았던 공룡의 뼈들을 주워 모아 당시의 공룡의 모습을 재생시켜 놓은 것이다. 파충류 무리에서 진화한 공룡은 약 2억 3천만 년 전에 처음 나타나서 무려 1억 6천5백 년 동안이나 번성했다. 이에 비해 인류는 고작해야 약 10만 년 정도 지구에서 살았을 뿐이다.

산산히 부서지고 흩어졌던 거대한 공룡의 유골들을 어떻게 수습하여 완벽한 모습으로 맞춰놓았을까. 2억 년이 넘는 시·공간 속에서 공룡의 유골들은 흙에 묻히고 사막에 뒹굴어 돌과도 식별되지 않았을 것이다. 비바람에 풍화되고 마멸되어 사라져야 할 공룡 유골이 뜻밖에 몽골자연사박물관의 중심에 우뚝 서서 나를 내려다보고 있다. 마디 하나 하나에서 2억 년의 음절과 시간들이 점철돼 있는 듯하다. 사람도 삼켜버릴 듯한 큰 입을 벌리고 있다. 아직도 이빨이 상아처럼 견고하고 눈부시다. 활처럼 굽은 척추는 수백 개의 뼈마디들로 맞춰놓았는데, 큰 것에서부터 작은 것에 이르기까지 차례대로 이어져 비례미마저 보여 준다.

아. 이 지상에 가장 거대했고 2억 년 전에 살았던 이 동물 앞에서 나는 중생대의 시간 속으로 빠져드는 것을 느낀다. 사막에서 주워 모아 짜 맞춘 척추 뼈 하나하나씩이 마치 1천 년의 시간 축척을 지닌 시계처럼 느껴진다. 척추 뼈 하나하나씩을 조립하여 드디어 2억 년의 시·공간이 펼쳐지는 것이다. 인간의 미라보다도 공룡의 화석은 거대하고 아름답다. 문득 뼈마디가 쑤셔오는 듯한 통증이 인다. 지금 공룡 화석은 2억 년 전 중생대의 하늘과 땅과 바람 속에서 달리는 꿈을 꾸고 있는 것은 아닐까.

공룡 뼈는 돌과 구분이 되지 않는다고 한다. 공룡 연구자들이 입으로 가져가 혀에 달라붙는 느낌이 들면 일단 공룡의 뼈로 보고 수집을 한다는 것이다. 공룡의 뼈는 무 생명체인 돌과는 다른 맛과 성질이 있을 것이다.

몽골자연사박물관에서 공룡은 지금이라도 당장 문 밖으로 성큼성큼 걸어 나갈 듯하다. 척추 뼈들이 삐걱거리며 2억 년의 시간 속에서 걸어 나올 것만 같다. 시간은 모든 것들을 기억의 뒤안길로 사라지게 하지만, 어째서 중생대에 멸종했던 공룡을 이곳 전시실에 세워놓았는가.

나는 공룡의 발을 만져본다. 그가 걸었던 2억 년 전의 세월을 만져본다. 공룡의 발자국을 찍은 표본이 곁에 있다. 날카롭고 큰 세 개의 발가락 자국이 찍혀 있다. 공룡이 걸어갔던 삶의 흔적이 너무나 뚜렷하고 생생하다.

몽골의 자연사박물관 한 귀퉁이에서 2억 년 전의 시간을 바라보고 있다. 공룡 타르보사우르스가 나에게 걸어와 말을 건넬 것만 같다. 아, 나는 삶의 시·공간 속에 어떤 모양의 발자국을 남겨 놓고 사라질 것인가.

주례단상

정길남
(수필가 · 전 서울교육대학교 교수)

주례를 할 때면, 당혹스러웠던 실수와 황당했던 결혼식이 기억 속에 지워지지 않고 되살아난다. 식장의 행사도 많이 달라져 세태의 변화를 실감케 한다. 신부 아버지가 직접 주례를 서는가 하면 신랑이 기타를 들고 신부를 향해 세레나데로 축가를 대신하기도 한다. 거기에다 신랑이 양가 부모님에게 감사의 글을 읽고, 신부에게는 연서를 읽는데 이미 나누었을 둘 사이의 밀어를 늘어놓아 하객들의 닭살을 돋게 한다. '한 번 살아봐라 그 소리가 계속 나오는가' 웃는 소리가 장내 한 모퉁이에서 메아리친다. 신부는 친정 부모에게 송별사를 낭독하고 친정아버지는 답사를 하면서 북받친 울음을 터뜨리는 것이 마치 옛날 초등학교 졸업식을 방불케 한다. 그리고 마지막 신랑신부 행진 때에도 진한 키스를 강요하는 등 몇 가지의 이벤트는 필수 과정이 되고 있다.

처음, 제자의 주례 부탁을 받고 설레는 마음에 거울 앞에서 녹음을 하며 부산을 떨었다. 학예회에 선발된 학동마냥 가슴이 마구 뛰는 가운데 예식이 진행되었다. 몇 개의 순서를 거쳐 마침내 엄숙한 결혼 서약을 받는 시간이 다가왔다. 단상에 놓인 서약서를 보는 순간, 예상치 못한 일에 당혹감을 감출 수가 없었다. 서약문이 두 가지인 줄 알았는데 하나로 되어 있다. 그 동안 신랑에게 따로, 신부에게 각각 서약 받는 것을 봐 왔기 때문에 당연히 두 개의 문장일 줄 알았다. 게다가 더욱 기막힌 것은 서약문에 기록된 주인공들의 이름이 인사 왔을 때 일러준 이름이 아니다. 호명하면서 서약을 받아야 하는데 도무지 기억이 나질 않는다. 어떤 정치인이 말한 '도대체 우째 이런 일이!' 실감이 난다. 막다른 구석에 몰린 사슴처럼 머리가 하얘지는 느낌이다. 정신을 가다듬고 앞에 선 신랑에게 살며시 이름을 묻는데 대답이 없다. 아무렴 주례가 자기들 이름을 모르리라고는 생각지 못한 것 같다. 다시 조심스럽게 신랑 이름이 뭐냐는 말에 그제야 이름을 밝힌다. 주고받는 소리가 스피커를 통해 새어나가자 낌새를 챈 하객들의 박장대소가 온 장내에 가득 찬다. 앞이 캄캄하고 진땀이 흐른다. 당황한 채 동시다발로 서약을 받고 말았다. 직원이 바로 앞서 진행된 결혼식의 서약문을 치우지 않은 채, 그대로 둔 것을 주례자가 확인치 못해 생긴 실수다.

또 한 번은 지금도 기억에서 남는 황당한 결혼식 에피소드이다. 무난히 식을 마치고 신랑신부가 행진을 하려는데 사회자가 신랑에게 만세 삼창을 하라고 한다. 신랑이 잠시 머뭇거리더니 만세를 부른다. 소리가 작다며 한 번 더 크게 하라는 재촉에 두 손을 번쩍 들고 만세를 삼창한다. 이어 신부에게도 무리한 주문이 떨어진다. 어쩔 줄을 모른 채 머뭇거리더니 부케를 들고 만세를 부르는데 화사하던 신부의 얼굴이 궂은 날씨처럼 어두워진다. 계속해서 신랑 부모님에게 주문이 쏟아지자 몹시 당혹스러워 한다. 분위기를 깰 수가 없다고 판단했는지 머쓱해진 표정으로 만세를 부르는 모습이 조금은 안쓰럽게 느껴졌다. 이어 신부 부모의 차례다. 사회자의 행동이 무례하다는 생각이 드는지 언짢은 눈길로 응시하더니 주뼛 주뼛거리며 만세를 부른다. '앉은 사돈이 이미 만세를 불렀으니 '선 사돈 입장'에 그만 둘 수가 없었을 것이다. 지나친 파행이 평화롭고 엄숙해야 할 결혼식을 생뚱한 분위기로 몰아가고 있는 것을 하객들도 민망해 하는 것 같다. 그런데도 더욱 황당한 것을 주례를 맡은 나에게도 만세 삼창을 하라는 것이다. 귀가 쫑긋해지는 호기심에 모든 시선이 나를 향해 집중된다. 그 가운데는 연민의 시선도 느껴진다. 이런 황당한 일은 전연 뜻밖이다. 주례 체면에 두 손을 들고 만세를 부르기가 참으로 어색하고 쑥스럽다. 앞서 만세를 부른 이들은 혼인 당사자들이라 신랑신부는 물론 양가 부모들도 기쁨의 만세를 부른다고 크게 이상할 일도 아니라 수긍이 간다. 하지만 주례는 만세를 외칠 이유가 없다. 주책을 강요당하는 느낌마저 든다. 조금 전 결혼 절차를 의논할 때만해도 무척 겸손하고 예의 바르던 젊은이가 아무 양해도 없이 이렇게 무례할 줄은 전연 예상치 못했다. 못마땅하고 불쾌하다는 생각에 사회자에게 한 마디 내뱉는다.

"글쎄 내가 만세를 불러야 하는 이유라도 있나……?"

이 순간을 빨리 지나야겠다는 마음에 두 손을 번쩍 들고 황당한 만세 삼창을 불렀다. 온 식장이 마치 폭죽이라도 터진 듯 폭소가 터지면서 광복절 기념행사가 되고 말았다.

지금까지 제자들의 주례는 물론이고 동창 자녀와 내 아들의 친구 심지어 제자의 오빠까지 거절치 못하고 주례를 서 왔다. 그런데도 주례자에게 만세 요구는 단 한 번의 기록으로 남아 있을 뿐이다. 파행이 때로는 신선함과 흥미를 주기도 하지만 유행을 앞세운 지나친 파격은 식상함을 넘어 혐오감까지 불러일으킨다. 지금은 주례를 맡으면 신랑 신부의 이름을 꼭 메모지에 기록하고 남긴다. 그리고 사회자의 당돌함의 여부가 나에게는 주요 관심사가 되고 있다.

나도 찔레

오창익
(시립인천전문대학 명예교수 · 창작수필 발행인)

"저게 찔레 아니야?"

"미쳤어, 저런 걸 다 심고!"

꽃도 아니고 나무도 아닌 걸 심었다고 비아냥댄다. 삼십대 전후로 보이는 남녀 한 쌍이 조깅을 하며 바람처럼 던진 말이다. 그로 인해 모처럼의 신선한 아침, 산책길이 무거워졌다. 며칠 전의 일이다.

나는 아침마다 경의선 철길 옆으로 난 산책로를 걷는다. 일산 신도시가 들어설 때 외곽 순환로를 따라 국제규모로 조성된 숲길이다. 주목과 오엽송, 은행과 꽃단풍, 은사시와 플라타너스가 줄을 서고, 융단을 펼친 듯 파란 잔디도 깔려있어 한 시간 남짓 걷고 나면 몸도 마음도 가벼워진다.

그런데 그날은 '꽃도 아니고…'란 한마디가 자꾸만 발길에 걸렸다. 하기야, 그 젊은 남녀의 말이 전혀 틀린 것은 아니었다. 큰맘 먹고, 큰

돈 들여 조성한 산책공원에다 볼품없는 가시나무꽃, 그것도 잡초나 잡목이듯 산야에 버려져 자생하는 찔레를 심었다는 것 자체가 잘한 일은 아니기 때문이다.

하지만 내 생각은 좀 달랐다. 심은 것이 아닐 수도 있고, 설사 심었다 해도 장미로 착각한 오식은 아니라는 믿음에서다. 신도시가 들어서기 전 이곳은 분명 논이었고 밭이었을 터. 더구나 산책로가 닦인 여기는 철길이 휘돌아간 지형으로 보아 찔레가 대를 이어 살아오던 야트막한 산자락이었을 것이다. 하면, 이 찔레야말로 포클레인이 산자락을 깎아내릴 때 운 좋게도 지표 가까이에 묻혔던 유일한 생존자, 먼 먼 자기 조선(祖先)으로부터의 유일한 대이음이, 아니 배꼽 떨어진 제 태자리에 뿌리내린 유일한 고향 지킴이가 아닌가.

그도 아니라면, 이 찔레야말로 주어진 제 명(命)을 펴지도 못하고 요절한 장미 대신, 그 잔명(殘命)을 이어주는 봉사와 헌신의 넋일 수도 있다는 생각에서다. 본시 꽃 중의 꽃이란 장미는, 생장력이 아주 강한 찔레에 접목하여 영화를 누리는 꽃이 아니던가. 전문 조경사가 어찌 찔레와 장미를 구분하지 못했겠는가. 필시 접목 부위가 부실했거나 아예 윗부분이 떨어져 나가 어쩔 수 없이 장미를 대신 살아주는 찔레일 것이다.

하면, 꽃도 아니고 나무도 아닌 존재가 아니라 얼마나 가상하고도 갸륵한, 아니 슬프기까지 한 가시나무꽃인가. 그래서 어느 가인(歌人)도 이렇게 노래했는지도 모른다.

"찔레는 슬퍼요 … 그 향기도 슬퍼요 … 그래서 목 놓아 울었어요" 라고.

10여 년 전이다. 내가 근무하던 학교 주변엔 찔레가 유난했다. 5월만 되면 잠깐 동안이기는 했지만, 장미 있던 자리에 하얀 찔레가 피어나 눈이 부셨다. 그도 역시 노쇠한 장미가 제 구실을 하지 못하자 접목 하단부에서 찔레가 돋아나 영화를 대신하던, 잔명을 이어주던 갸륵한 날갯짓이었다. 하지만 그 깊은 속내를 헤아리지 못하는 비정한 관리인은 '꽃도 아닌 것'이란 생각으로 피기가 무섭게 베어버리곤 했다. 하여 계절의 여왕이란 5월이지만 번번이 그 한 자락을 애끈하게 접곤 했다.

이런 저런 생각을 하며 걷다보니 되돌아가야 할 육교 밑을 한참이나 지나쳤다. 그때다. 멀리까지 뛰어갔던 좀 전의 젊은 남녀가 내 옆을 비켜가며 가벼운 눈인사를 한다. 말투와는 달리 꽤나 선한 얼굴이었다. 그랬다. '꽃도 아닌 것'이란 비아냥은 그만 접기로 했다. 장미 대신 살아주는 갸륵함이나 외롭지만 제 땅에 뿌리내려 고향을 지키는 그 깊은 속사정을 알 리 없는 젊은 그들이었으니까.

하지만 예의 그 찔레에게만은 뭔가 한마디를, 사과든 위로든 해야 할 것 같아 돌아서서 걸음을 재촉했다. 이윽고 찔레꽃무덤 앞에 다가섰다. 자잘한 꽃잎들은 어젯밤에 살풋 내린 가랑비로 신선했다. 해맑았다. '미안하다' 인사라도 하듯 나는 꽃무덤에 조심조심 코를 묻었다. 그때, 코끝을 간질이며 울컥 쏟아내는 살 냄새, 고향 냄새…. 뿐인가. 그 냄새에 묻어나는 찔레의 속삭임이 환청으로 들리기까지 했다.

'오 선생, 난 슬퍼하지 않아요. 그런대로 고향에서 피붙이와 살 비비며 살고 있으니까요.'

살 비비며? 얼굴을 들어 다시 보니 정말로 만만찮은 가솔이었다. 공원을 조성한 지가 십수 년이 지났으니 그럴 만도 했다. 장정 예닐곱이 팔을 벌려야 둘러설 만치 꽤나 번성한 일가(一家)였다.

찔레 일가. 공원 한 모서리에 보일 듯 말 듯, 숨은 듯 나선 듯 살고는 있지만, 아직은 꺾이지도 베어지지도 않고, 어찌 보면 의연하게 일가를 이루고 있으니 불행 중 다행 아닌가. 나 또한 예외가 아니란 생각이 문득 들었다. 고향 가기는 아직이지만, 낯선 땅에 발붙이기 반백 년에 아들에다 딸에다 손자 손녀까지 열을 넘게 두었으니 그런대로 일가를 이룬 셈 아닌가. 장미처럼 미색이 출중하여 화려한 조명은 받지 못했어도 시샘이나 꺾임도 없이, 이렇다 할 영욕(榮辱)의 부침(浮沈)도 없이, 나선 듯 숨은 듯 찔레처럼 살고 있으니 이 또한 행이 아닌가. 그러니 너도 찔레 나도 찔레, 찔레 일가란 생각이 들었다.

그날 이후, 아침 산책길에 나서면 으레 그 찔레 일가를 찾는다. 찾아 아침 인사를 한다. 상련(相憐)이 아니라 상생(相生)의 관계임을 감사하는 눈인사를 한다. "좋은 아침, 오늘도 무사히!"라고.

■ 초대수필

봄·여름·가을·겨울의 찬미

정기용
(수필가·국사편찬위원회 위원)

봄을 맞는 마음에 희망이 솟는다.

눈을 감고 하늘을 향해 소리쳐본다. 바람이 스칠 때마다 산비탈 진달래의 꽃망울이 터지는 소리가 들리는 듯하다. 철로 위에 아지랑이 피어오르고 들판의 종달새 지저귀며 하늘에는 구름 한 조각 무심히 떠 있다.

계곡의 살얼음 틈새로 흐르는 맑은 물, 아기의 솜털처럼 부드러운 봄의 기운으로 투박한 흙을 뚫고 손을 내미는 새싹과 잔디며 그 위를 뛰노는 아이들의 풍경 등.

나는 이런 봄의 싱그러움에 가슴 설레며 희망의 봄을 맞이한다. 이른 봄 자연의 아름다움을 풍만하게 보여주는 노랑꽃이 나약한 내 마음을 한층 부풀게 한다.

삼색의 노랑은 왕성한 생명력과 풍요한 생산력, 그리고 생식력 등의 표상이기도 하지만, 가장 으뜸으로 삼는 뜻은 농경민족의 상징색이기 때문이다.

자연 속에서 가장 먼저 피는 꽃이 산수유며, 들판에서 아름다움을 자아내는 꽃이 유채꽃이다. 또한 울안에서 가장 먼저 봄을 알려주는 꽃이 개나리로 모두가 노랗다.

유럽의 민간 생활에서 노랑은 악마, 악정, 악조건에서 살아나는 부활과 끈기의 상징이었다고 한다. 그래서 이른 봄 노랑나비를 보는 자에게는 행운이 오고 환자에게 노랑꽃을 선물하면 빨리 치유된다고 한다.

지난겨울 묵은 때를 벗고 나비 등을 타고 오는 춘삼월이 되면 누구나 희망과 그리움을 갈망하면서 봄을 애타게 기다리는지도 모른다. 여하튼 봄은 여러 조건으로 생활의 활력소를 주기에 부족함이 없는 정서를 품고 있다는 생각마저 든다.

여름에는 넉넉한 일조량으로 땅 위의 생물들은 기를 받아 반짝이며 온통 초록물결로 일렁인다. 온 누리를 가득 채운 녹색의 향연은 보기에도 좋다.

여름 나무에 짙은 강풍이 몰아치면 가지가 뒤틀리며 격한 몸부림을 치지만, 뜨거운 햇살을 가장 반기는 것도 여름 나무다. 그 시기의 나무는 하늘의 지배자 못지않게 땅의 정복자가 되려한다. 가만히 늘어서 있기만 하던 잎사귀도 요동친다. 그러다가 바람이 갠 다음날 아침이면 조용히 흐르는 햇살 속에 나뭇잎이 하나하나 또렷하게 제 모습을 드러내어 짙은 향을 풍긴다.

나는 8월생으로 더위를 잘 타지 않는다. 그러기에 만물이 왕성하고 생동감이 넘치는 여름철은 활동하기에 가장 좋은 계절이라고 생각한다.

뜨거운 햇살로 자연을 달구는가 하면 쏟아지는 소나기에 갈증을 해소시키는 대자연의 변화를 가장 실감나게 연출하는 여름, 식물의 급성장을 도우는 여름, 나는 이런 계절을 무척 동경하며 산다.

한여름을 바삐 보내고 난 뒤 다가오는 계절, 가을은 황금물결로 일렁인다. 가느다란 줄기 따라 힘겹게 꽃을 매달고 가을바람에 한들거리는 코스모스를 보노라면 아름답기도 하지만 애잔한 생각이 든다. 일년생 꽃이라 겨울이 곧 오면 단명의 운명을 감수해야 하는 그 숙명 속에 세월의 덧없음을 느끼며 계절의 쓸쓸함이 든다.

바바리코트 깃을 세우고 낙엽 쌓인 오솔길을 걸으며 조락의 계절을 맛보지만 한껏 아름답게 치장한 단풍나무만큼이나 화려한 인생의 황혼기를 맞이하며 곱고 우아하게 늙고 싶다는 생각이 든다.

떨어지는 나뭇잎에도 무게가 있을 만큼 보람찬 일을 하며 독서를 즐기고, 한 권의 책을 만들기에 열심히 노력해야겠다고 다짐한다. 삶에서 때로는 스트레스도 받겠지만 올해는 꼭 무엇인가 이루겠다는 뿌듯함으로 천고마비의 계절을 그려본다.

거대한 숲의 나무를 보면 마치 수많은 군중의 집단처럼 보인다. 빨간 나무는 몸을 뜨겁게 태워주고 노랑나무는 가슴에 시원스럽게 스며든다. 아직도 여름 그대로의 초록색은 서늘함을 준다.

낙엽 탓인지는 모르겠으나 보편적으로 가을은 쓸쓸하다고 노래한다. 하지만 결실의 계절이기에 온갖 먹거리를 인간에게 제공하는 가을은 그야말로 완성의 계절이다. 나는 앞으로 가을을 맞을 때마다 조락의 계절이라 서글퍼하기보다는 풍요의 계절로 그간의 아쉬움에서 벗어나 보리라.

겨울은 한 해를 마감하는 계절이다. 적막한 겨울날, 앙상한 나뭇가지 사이로 거칠 것 없이 비쳐오는 볕을 받으며 눈 위를 걸을 때가 많다.

잎 하나 없는 겨울의 낙엽수는 제각기 특유의 골격과 수령을 지니고 제 나름대로 본모습을 보여준다. 지금의 고통 속에 내일의 희망을 준비하고 하루하루 다가오는 봄날을 의심 없이 믿고 기다리는 겨울나무는 볼수록 믿음직하고 멋지다. 눈 쌓인 언덕 벌거벗은 나무 사이로 거니는 멋은 황혼의 끝자락에서 마냥 즐겁기만 하다. 추위에 방치된 듯한 들판과 산자락에 앙상한 모습으로 서 있는 가로수를 바라보며 매서운 추위 속에 파르르 떨고 있는 자태를 보노라면 문득 나의 어린 시절 눈길을 걸으며 영하의 추위에 나섰던 1·4후퇴 피난 시절이 떠오른다.

혹한 추위에 실오라기 하나 걸치지 않는 나목은 비록 감정이 없는 식물일지라도 쓸쓸한 연민의 정을 금할 수가 없다. 나는 앙상한 나뭇가지를 통해 지난날의 공허와 고독을 되씹어보기도 한다.

그러나 한 발 물러서서 다시 잎과 꽃이 피는 무성한 날의 꿈을 꾸어보며 더욱 싱싱한 생명의 줄기를 뿜어내고 있는 강인한 의지를 느껴보기도 한다. 어찌 보면 누구나 생각하는 그런 감정일지도 모르지만 우리 모두 봄·여름·가을·겨울 등 한 해를 늘 사랑하는 마음으로 바라보며 그저 살아가고 있지 않나 싶다.

자연의 사랑은 주면 줄수록 더 많은 혜택을 얻을 수 있다는 점을 깨닫고 역경이 나를 괴롭힌다 하더라도 회춘(回春)의 희망을 안고 사계절을 찬미하며 살아가고 싶다.

그림은 행복이다

양태석
(수필가 · 서양화가)

그림은 행복이다. 누구나 좋은 그림을 보고 행복하지 않은 사람은 없을 것이다. 명화를 감상하는 행복을 누리기 위해서 유명미술관을 찾아다니는 사람은 수없이 많다. 명화를 만나는 것은 영혼의 행복까지 누리기 위해서이다. 모든 명화는 감상자의 감흥을 일으키고 행복감을 느끼게 하기 때문이다. 그림은 사람들의 그림 보는 수준에 따라 행복지수가 다르게 나타나는 것이다. 따라서 높은 수준의 그림을 감상하기 위해서는 그림 보는 안목을 높여 주는 것이 좋은 방법이다.

나는 지방에 있을 때 어느 대가의 화조화를 감상하면서 크게 행복했던 일이 있다. 그 그림이 지금 수준에 미치지 못하였으나 그때 내가 보는 그림을 보는 수준이 당시의 눈높이로 봤기 때문에 마음에 감흥을 받은 것이다. 나는 지금도 수준의 차원이 높다고 생각하지 않는다. 그러나 지금 수준으로 감상하는 것을 지금의 행복으로 느끼면 되는 것이다.

그림은 그 시대의 기록이며 조형적이고 시각적인 예술이다. 따라서 지금 그린 작품이 현재의 기록이며 후세에 기록유산이 되는 것이다. 지난 세월동안 많은 예술인들이 있었지만 후인의 행복과 감동을 주는 화가는 흔하지 않다. 수준이 낮을 때는 많은 그림들이 모두 명화로 보이지만 수준이 높아지고 나면 그중에 시대적 감각과 회화성이 충실한 지를 가늠해서 보게 되는 것이다.

그림 감상의 수준을 높이는 것은 쉬운 일은 아니다. 따라서 높은 수준의 그림을 감상하려면 상응한 노력이 있어야 한다. 절대로 하루아침에 되는 것은 아니다. 많은 그림을 실제로 실물을 감상하기는 어렵기 때문에 책자나 영상을 통해서 보고 명화 감상을 하는 것이 좋다. 그리고 전문서적을 통해서 감상법을 배우는 것도 하나의 방법이다. 5~60년대에는 좋은 책이나 영상을 볼 수 있는 환경이 조성되지 못하여 그림 보는 수준을 높이기가 매우 어려웠다. 그러나 요즈음은 모든 여건이 좋아졌고 누구나 그림 보는 법을 빠르게 배울 수 있는 환경이 성숙되어 있다.

그림을 감상하면서 보는 수준이 스스로 높다고 생각하면 곤란하다. 그림은 같은 작품이라도 관자의 수준에 따라 매우 다른 평을 하기 때문이다. 명작이라 해도 한 사람의 작품을 보고 모든 사람들이 호평을 하는 것은 있을 수 없는 일이다. 그것은 사람마다 수준과 시대적인 예안이 다르기 때문이다.

그림을 보고 행복하려면 그림을 좋아하는 수준을 넘어서 그림을 사랑해야 한다. 사람이 사람을 사랑하면 옆에 있어도 보고 싶고 멀리 있으면 더욱 보고 싶은 것이다. 그림도 마찬가지다. 옆에 있어도 보고 또

보는 것이 즐거우며 좋은 그림은 사람의 마음을 끌어당기는 힘이 있다.

요즈음은 아트테라피를 통해서 정신과 치료를 하는 마당에 행복은 그림에서 얻을 수 있는 좋은 방법이 아닐 수 없다. 예술은 영혼을 살찌게 하는 영양제로 감상하는 재미와 재산 증식에도 한 몫 하면서 일거양득이라 하겠다.

그림을 좋아하는 사람이 마음에 드는 작품을 구하면 밤중에도 일어나 감상한다는 사람이 많다. 그림에 미치면 사람에 미치는 것과 다를 바 없다고 한다.

사람마다 다르겠지만 그림을 좋아하는 사람은 수천 점을 모아놓고 번갈아 가면서 감상하는 사람도 있다. 한남동에 어느 부자는 무려 8만 점을 모아놓고 별세했다. 참으로 대단한 숫자이며 병적인 수집이라 해도 과언이 아니다. 심지어 건물 계단에도 그림이며 부엌 싱크대 위에도 그림이 보관되어 있었다. 하루에 한 차씩 살 때도 있었다고 한다. 이러한 광적인 수집은 피해야 한다. 그러나 재력이 있고 별다른 취미가 없는 사람은 미술품에 관심을 가지는 것이 정신적으로 행복을 도우는 길이다.

그림을 수장하는 사람들 중에는 여러 가지 목적을 가지고 있다. 진실로 그림이 좋아서 모으는 사람과 재산 증식의 수단으로 하는 사람이 있으며 순전히 감상하기 위해서 모으는 사람도 있다. 그러나 최근에 와서 위의 모든 목적을 가지고 수집하는 사람이 많아졌다.

그림을 좋아하고 사랑하면 행복해지고 영혼의 즐거움을 느낄 것이다. 따라서 좋은 그림을 만나는 날이 즐거운 날이 될 것이며 자기가 소장하면 더욱 행복할 것이다.

맹그로브 숲을 가고 있다

오기환
(수필가 · 창작수필 회장)

호치민시 인근에 있는 구치 터널 앞에서 차를 멈춘다. 구치 터널에는 베트콩 총사령부가 있던 곳이다. 미군은 이 터널을 찾기 위하여 최신무기를 동원하고 밀림지대에 고엽제를 살포하면서 본거지를 수색했으나 결국은 백기를 들었다. 게릴라전에서 참패했던 그 현장에서는 "미 제국주의 군대와 한국 군대는…" 라고 한국어 해설이 계속된다. 미군과 한국군 등은 이 나라를 침략했다는 설명이다. 슬그머니 밖으로 나왔다. 추를 달아놓은 듯 마음이 무겁다. 그들의 주적이었던 우리 장병들이 피를 흘리며 죽어갔던 중부지방은 현재 관광객이 갈 수 없다는 설명이었다. 어두운 마음으로 여객선에 오른다.

황토빛 물이 넘실대는 사이공 강으로 접어든다. 강 양쪽으로 열대식물이 빼곡하다. 아열대와 열대지방 해안선 근처 수면에서 자라는 맹그로브 숲이 장관을 이루고 있다. 강물과 바닷물이 만나는 경계에 덤불을 이루며 자라는 나무이다. 물속에 뿌리를 내려 산소호흡을 하기 때문에 항상 뿌리 일부분이 문어다리모양 수면 위에 노출되어 있다. 그 뿌리는 뜻하지 않은 외압으로 상처를 입고 피를 흘리기도 하지만 많은 유기체들의 피난처가 되어준다. 그 밑을 흐르는 뿌연 물은 미세유기체에 영양분을 공급해 주는가 하면 어류, 조류, 포유류의 보금자리 역할을 한다. 비우고 베풂으로써 서로를 보듬는 상생의 뿌리이다.

그 나무는 잔가지를 물속에 떨어뜨려 자손을 번식시킨다. 이렇게 번식한 나무는 물속에 뻗어 내리는 뿌리가 해일이나 파도에 맞서 해안의 울타리 역할을 해준다. 육지의 퇴적물을 모아 해안선의 침식을 막기도 하고 또 확장시키기도 한다. 그 숲은 파도 속도를 감소시켜 해안의 침식을 막고 허리케인이나 쓰나미를 막기도 한다. 파도에 밀리고, 찢기고, 짓밟히고, 퍼붓는 비를 맞고, 뜨거운 햇볕에 타들어가는 갈증을 겪어야하는 나무이다. 2004년에 인도네시아 수마트라 섬 부근 인도양에 강진이 발생했을 때 지진해일이 덮쳐 30여만 명이 목숨을 잃었다. 그 당시 유일하게 맹그로브 숲이 있는 근처는 해일의 피해를 입지 않았다고 한다. 그 나무는 이렇게 몸을 던져 지켜내는 희생적인 삶을 살아간다.

월남 전쟁을 소재로 한 안정효의 『하얀 전쟁』은 생과 사의 극한 상황과 안일한 일상생활의 극명한 대조로 이야기가 전개되는 소설이다. 전쟁을 통해 무고한 사람들의 생명과, 안식과, 사랑과, 인간성이 파괴되는 모습을 증언하는 전쟁문학의 백미로 꼽히고 있다. 월남전에 참전한 국군을 '용병'이라고 부르면서 '명분 없는 전쟁'이라고 비하하기도 했다. 그런 전쟁에 32만여 명이 참전하여 5천여 명이 사망했고 1만여 명이 부상당했다. 또 2만여 명이 고엽제 후유증으로 지금까지도 고생하고 있는 실정이다. 그들은 이렇게 '명분 없는 전쟁'에서 생명을 잃고 다치고 또 후유증으로 시달리고 있는 것이다. 열대우림에서 퍼붓는 비를 맞고, 폭염에 시달리고, 신체를 찢기면서 공포와 죽음과 맞섰다. 왜 그래야만 했을까. 총부리를 맞겨눴던 월맹은 과연 우리의 적이 였었나…. 무거워진 마음이 황토빛 사이공 강물에 젖는다.

하지만, 월남 전쟁에 참전한 대가로, 그들의 희생으로 고속도로를 만들고, 중화학공업을 육성하고 건설업 등이 해외로 진출하면서 우리나라 경제는 도약기를 맞았다. 파월장병들은 맹그로브처럼 자신을 희생해서 조국의 경제를 일으켰다. 그러니 그들이야말로 명분 없는 용병이 아니라 실로 한국의 맹그로브 숲이었다.

뿐인가. 1963년에는 서독에 광부와 간호사를 파견하였다. 나라가 가난하다는 이유로 타국의 땅속 1천 미터도 더 되는 곳에서 얼굴을 그을리며 석탄을 캐내고, 말도 통하지 않는 병동에서 환자를 돌보는 간호사들의 월급을 담보로 돈을 빌려야 했다. 당시 대통령은 서독을 찾아가서 "…돈 좀 빌려주세요. 나라를 가난에서 벗어나게 해야 하는데 자본이 없습니다. 꼭 갚겠습니다. 나는 거짓말을 할 줄 모릅니다. 절대로 거짓말 하지 않겠습니다."라고 눈물로 호소했다. 대통령의 눈물. 그 자리에 참석했던 광부와 간호사들은 서로 부둥켜안고 통곡했다. 이들의 눈물을 지켜보던 서독 대통령도 눈시울을 붉히면서 경제 원조를 약속했다.

그 돈으로 가발도 만들고, 플라스틱으로 예쁜 꽃도 만들고, 쥐를 잡아 그 털로 '코리안 밍크'도 만들었다. 돈이 되는 것은 무엇이든지 만들어서 팔았다. 이렇게 해서 1965년에 1억 달러 수출 달성. 세계가 놀랐다. 이 또한 광부와 간호사들의 맹그로브 같은 희생의 결과였다. 이들의 희생이 맹그로브가 되어 지금은 국민소득 2만 불이 넘는 거대한 숲을 이루었다.

베트남과 우리, 우리와 맹그로브 숲. 나는 지금 비우고 베풂으로써 서로를 지켜낸 상생과 번영의 현장을 가고 있다. 맹그로브의 푸른 숲을 찾아가고 있다.

노부부

김영경
(수필가)

낯설고, 두려운 강 저편은 어떤 곳일지 아무도 모른다. 육신이 무너지면 그 강을 건너야 한다. 우리 모두 그 강 앞에 서 있다.

영화가 끝났다. 불이 켜졌다. 그런데도 관객은 자리를 뜨지 않는다. 눈물이 그렁그렁한 초점 없는 눈으로 스크린만 바라볼 뿐이다. 자막에서 흘러나오는 할머니의 독백이 이어진다. 강 건너간 할아버지의 이별에 할머니는 강 이편에서 흐느낀다. "추워서 어째? 할아버지 생각하는 사람은 나밖에 없는데."

영화 『님아, 그 강을 건너지 마오』 속의 주인공인 할아버지 할머니는 어딜 가든 고운 빛깔의 한복을 입고 두 손 꼭 잡고 걷는 팔구십 대의 노부부다. 봄에는 꽃을 꺾어 서로의 머리에 꽂아준다. 여름엔 개울가에서 물장구를 치고, 가을엔 낙엽을 던지며 장난을 친다. 겨울에는 눈싸움을 하는 매일이 신혼 같은 백발의 노부부다. 이 환한 기쁨은 어느새 할아버지의 잦은 기침소리와 함께 죽음 앞에 선 슬픔과 눈물이 되어 불 꺼진 스크린 속으로 사라져 없어진다. 할아버지 할머니의 지워지지 않는 아름다운 얼굴을 끝내 우리 가슴에 남겨놓고 사라졌다. 이렇게 아름다운 얼굴을 남기고 '그 강'을 건널 수 있다면 잘 산 인생이라 할 수 있지 않을까.

며칠 전 사진 한 장이 필요해 사진관엘 갔다. 카메라 앞에 있으면 왜 그리 어색하고 자신감이 없어지는지 모르겠다. 사진에 나온 나의 얼굴에 책임을 져야 하는 부담감에서 오는 불편함인가 보다. 예쁘지도 않은 얼굴에 주름살로 인한 연륜의 고랑만 깊어졌다. 그리고 살아갈 날이 살아온 날보다 짧다는 것을 깨닫게 된 순간이었다.

나도 3년만 지나면 결혼 50년차를 맞는다. 오랫동안 시간 속을 살아왔다. 그런데 아직도 시간이 가는 것이 아쉬움으로 다가온다. 남편과 같이 한 서툴었던 지난 시간이 후회로 남고 숙제가 아직 있는 듯 미진하다. 부부는 서로 만남을 통해 무언가 얻기를 바란다. 그래서 내가 채워지고, 힘이 나고, 마음이 부유해지기를 꿈꾼다. 그래야 생산적인 만남이라고 생각한다. 그래서인지 상대방 앞에서 때때로 투정을 부리는 나다. 나의 중심이 흔들리는 것은 손해 보는 것 같아 양보를 못한다.

곰곰이 생각하면 우리 부부가 아직 하나가 되지 못하고 티격태격하는 것은 서로 자신을 버리지 못하기 때문인 듯하다. 나이를 먹는다는 것, 그다지 나쁜 것만도 아닌 듯하다. 그리 속상해 할 일도 없고 그저 할 수 있는 일만 하고, 할 수 있는 만큼만 열심히 하면서 살기로 마음먹으면 되는 것이니까. 때로는 속상하고 마음 아픈 날도 있었지만 나만 그랬겠는가. 시간이 흐르면 서로 용서하게 되고, 이해하게 되고, 또 아쉬운 마음으로 모든 것을 바라보게 되는 것 아닌가. 나의 희망은 '잘 살고 간다.'라는 유언 한마디다. 그러니 자신을 위해서도 열심히 살아야겠지만 남편과의 백년해로를 위해 배려의 마음이 커야 되겠다. 아니 '그 강'을 넘기 전에 사랑의 마음을 늘 명심해야겠다.

영화 속의 주인공 부부는 서로 하대하지 않고 존칭을 쓴다. 배려와 존중이 없으면 사랑이 뿌리내릴 수 없는 것인가 보다. 나와 함께 영화를 같이 본 13살 손녀는 영화 속에서 할아버지와 할머니의 다정다감한 모습에 깊은 인상을 받았나 보다.

집으로 돌아와 식사 도중에 영화를 본 소감을 묻자 손녀는

"할아버지가 할머니한테 정말 잘해 줘요" 한다. 조금은 권위적이고 진담인지 농담인지 헷갈리게 하는 자기만의 말솜씨를 구사하는 남편은 "내가 너의 할머니한테 얼마나 잘해 주는지 네가 알아?" 손녀는 "할아버지는 할머니 머리에 꽃 꽂아드린 적 있어요?"라고 반문을 한다. 갑자기 묵묵부답인 남편. 할 말을 잃은 남편의 생각은 무엇일까. 손녀의 눈에 비친 우리 부부의 모습이 영화 속의 할아버지 할머니와 많이 달라 보였을 것은 당연하다. 서로 존칭도 쓰고 있지 않고, 평상시는 늘 각각이어서 콩깍지 안에 콩알들이 오순도순 모여 있는 영화 속의 주인공처럼 알콩달콩한 모습을 본 적이 없었을 테니까.

알콩달콩 사는 우리 노부부의 모습을 손녀가 볼 수 있는 날이 있을까? 더 늦기 전에 '그 강' 을 건너기 전에.

우리들의 점심

이진영
(수필가 · 시인)

오천항에서
오천 원으로
손바닥만 한 붕어 다섯 마리를 샀다
뜨거운 피 뚝뚝 흘리는 붕어를 토막 내고
드라큘라 이빨로 여덟 명이 나눠 먹었다
우리는 붕어가 너무 비싸다고 툴툴거렸다
붕어가 턱없이 작아서
허기진 배를 채울 수 없다고 불평했다
맛이 없다고 궁시렁거렸다
토막 난 붕어는 아프다고도 못했다
서럽다고 울지도 못했다
붕어빵 장수는 미안한 기색이 없는데

붕어는 몸을 움츠렸다
흰옷 입은 분이 다가섰다
그분은 영혼의 떡 두 개를 우리에게 건넸다
이곳 모래사장에서 참수당한 순교자
저기 갈매못 성지로 가는 길이라고 했다.

– 졸시

대천으로의 가을 여행 중이다. 우린 마지막 날 하루의 행선지를 정하지 않았다. 언제 떠날지도, 어디로 갈지도 또 언제 돌아올 것도 예측 못할 때가 진정한 여행이라고 했다지 않은가. 주변 지리에 밝은이의 선택에 길을 맡기고 그저 창밖 풍경만 감상하며 달리기로 했다.

보령시에서 북서쪽으로 가다 보니 바다가 어깨를 나란히 하고 따라온다. 여름이 떠난 한적한 바다를 거느리고 얼마큼 달렸다. 잠시 멈춘 차에서 내린 일행들은 물이 나간 빈 개펄을 건너 학성리 밤섬이라는 작은 섬까지 갔다 왔지만 다리가 아픈 나와 이 선생님은 그대로 차에 있었다.

바닷가 마을은 쓸쓸했다. 한때의 영광을 뒤로한 빈 의자들이 짠 먼지를 뒤집어쓰고 햇살 아래 졸고 있다. 시장기가 슬슬 밀려들어왔다. 사방을 두리번거려도 들어 갈만한 음식점을 찾지 못했다. 몇 군데 간판을 발견하고 가보았지만 가게는 문이 굳게 닫혀 있었다. 가만가만 빈속으로 발을 디밀었던 시장기가 성큼 들어서 자리를 넓힌 탓인가, 일행은 모두 점심을 빨리 먹었으면 좋겠다고 했다. 운전자는 작정한 목적지가 있는지 계속 달리기만 했다.

인적이 드문 농촌 마을을 지나쳤다. 잎을 떨어뜨린 감나무에 빨갛게 익은 열매만 빈 집을 지키고 있다. 바람이 대문을 흔들어도 대꾸하는 이도 없다. 빠른 걸음으로 달린 차가 들어선 곳은 보령시 오천항이다. 저만치 바다가 보이는 골목길로 접어들었다. 아, 그곳 길가엔 뜻밖에 붕어빵 장수가 있지 않나. 일행은 반가워했고 이내 일행 중 한 분이 뛰어내려 따끈한 붕어빵 한 봉지를 사가지고 왔다. 그러나 그 맛은 허기진 속에도 별로였다. 이전에 먹던 맛을 기대했던 우리들은 불평했다. 크기도 시장기를 채우기에 턱없이 부족하다고 툴툴거렸다.

허기와 불만을 안고 차는 다시 달렸다. 사방을 둘러보아도 마땅한 음식점이 눈에 띄지 않는다. 얼마큼 달리다 보니 저만치 갈매못 성지로 들어서는 길이라는 표지판이 나왔다. 그저 달리다 들어선 곳인지는 모르겠지만, 우리는 "아, 여기가 목적지구나." 하면서 고개를 끄덕였다. 이곳 성지는 우리나라의 마지막 박해인 병인박해 때 신앙선조들이 목숨을 내던진 곳이라고 했다.

예로부터 성지가 속해 있는 영보리 마을 뒷산의 산세가 '목마른 말이 물을 먹는 모습'과도 같은 '갈마음수형'의 명당이라 하여 '갈마무시', '갈마연', '갈마연동'이라 불렀던 곳이다. 그러므로 갈매못은 갈마연에서 온 이름이다. 이름만으로 영적이 곳이라고 했다. 이곳은 전국에서 유일한 바닷가 성지다. 형장으로 택한 곳은 바닷가 모래사장이다. 순교자들이 효수(梟首) 당해 묻혔던 곳이다. 시간의 파도가 수없이 넘나들며 그날의 흔적을 지웠으련만 지금도 모래를 파면 간혹 사람의 뼈가 나온다니 그 당시의 참상이 얼마나 잔혹했을까 싶다. 그렇게 역사는 지우려 해도 결코 지울 수 없는 것들을 안고 어제를 돌아보게 한다. 그러나 안타깝게도 우리는 이분들 대부분의 이름을 모른다. 이름조차 남기지 못했다. 다행히 신원이 밝혀진 다섯 분이 성인품에 올랐다고 했다.

일행은 갈매못 성지라는 이름을 듣는 순간부터 숙연해지는 느낌이다. 허접한 음식으로 인한 불만을 지우고 가슴 속이 알 수 없는 기운으로 채워지는 것 같기도 하다. 이제는 목마른 말이 아니라 일상에 지친 순례객들이 성지를 방문해 생명의 물을 마시는 곳이기 때문일까. 언덕에 위치한 간결한 구조의 성당으로 들어서니 시원한 바닷바람이 가슴을 식혀준다. 설혹 종교인이 아니더라도 삶의 고단한 갈증이나 허기로 힘들 때, 또 자신을 돌아보고 싶을 때 찾아와 보면 어떨까, 하는 생각을 했다.

나는 왜 이곳에 왔는지? 낯익은 곳으로부터 떠난 낯선 여행길에서 무엇을 찾으려 했는지? 이 땅에 하나님의 복음을 전하기 위하여 목숨까지 바친 분들이 건네준 영적 양식의 의미를 깨닫기 위해서 육신의 배고픔을 체험한 것은 아닐까 하는? 수많은 질문을 던져본다. 이제껏 좀 더 많이, 좀 더 높은 곳만을 바라면서 달려온 나는, 선뜻 어떤 대답도 하지 못한 채 바다 닮은 하늘만 올려다보았다.

제2부

회원 광장

■ 강병남 편

지금은 열애 중

7월의 햇살은 무더위를 알리는 첨병이다. 앞 뒤 돌아볼 여유도 없이 심신을 지치게 하는 마력을 지녔다. 따갑게 내리는 정오의 햇살을 받으며 서오릉으로 달렸다. 그곳에는 내가 즐겨 다니는 맛 집이 있다. 몸이 나른해져 입맛이 떨어지거나 유년시절의 추억이 그리울 때 쉬 찾곤 한다. 이름부터가 거리감이 없는 '주막집'이다. 주 메뉴가 된장에 새우와 시래기를 넣고 끓인 얼큰한 수제비와 촉촉하게 구워 올린 코다리가 일품이다. 먹는 즐거움도 있지만 주변에 늘어선 화원에는 갖가지 식물들이 즐비하게 진열돼 있어 보는 즐거움도 덤으로 느낄 수 있어 좋다. 꽃을 좋아하는 나는 화원을 구경하다 간간이 예상치 않았던 횡재를 얻기도 한다. 먹는 것 이상으로 기쁨을 누릴 수 있는 일석이조의 호사를 누리는 셈이다.

식사를 마치고 돌아오는 길가 화원 잔디밭에 요염한 자태로 한들거리는 분재에 눈이 꽂혔다. 내 눈에 홀린 자미화(紫微花)를 우리 집 식구로 맞아들였다. 내가 좋아하는 나무인데다 특이한 모양의 분재라서 지체할 이유가 없었다. 혼자 짝사랑을 하다 외나무다리에서 절묘하게 만나는 희열이 어디 이만할까? 나의 돌발 행동에 아내의 눈빛이 붉은 꽃잎으로 가득 피어올랐다.

나이는 서른 이상 추정, 키는 옹기 분을 포함해 겨우 세 뼘, 고향은 아랫녘 어디?, 하체는 무릎을 꿇고 기도하는 소녀상 같기도 하고, 가슴에 새끼를 안고 뛰기 직전의 캥거루 모습 같기도 하다. 꽃망울을 달고 바람을 타고 노는 가지는 물오른 꽃사슴 뿔처럼 쭉 뻗은 기개가 영락없이 걸 그룹 댄싱 퀸이다. 이게 우리 집 옥상 작은 정원에 입주한 새 식구의 신상명세서다. 본시 저놈의 고향은 척박하기 이를 데 없는 비탈진 낭떠러지가 분명할거다. 모진 비바람과 눈보라를 이겨낸 상흔이 고스란히 몸뚱이에 그려져 있으니 말이다. 어느 날 분재 사랑에 목매인 자의 눈에 띄어 낯선 도시로 끌려와 관리를 받고 생을 이어가던 귀한 놈이라 생김새 못지않게 활력이 대단하다.

부귀와 절개, 청렴을 상징하고 '떠나간 벗을 그리워함'이 꽃말이다. 이름도 배롱나무, 목백일홍, 자미화, 만당홍 그리고 간지럼나무로 알려져 있다. 내가 유독 만당홍을 좋아하는 이유는 여인의 나신을 연상시키는 매끈한 몸매도 아름답지만 이글거리는 칠월의 태양 빛을 받아야 가지 끝에 원뿌리 모양으로 꽃대를 올려 여러 송이가 백일 동안 시간차를 두고 피기 때문이다. 굳이 꿰맞추자면 내가 태어난 달도 칠월이다. 불볕더위를 이겨내며 세상과 첫 대면을 한 나와, 이글거리는 햇살에 맞서야 실한 꽃대를 올리는 습성이 비슷하다고나 할까? 전생에 함께하지 못한 아픔이 그리움으로 남아 진한 향수를 느끼게 하는지도 모른다. 그게 아니라면 유독 좋아하는 이유를 찾을 길이 없다.

성공의 비결 중 '필요하면 값을 지불하라'는 말이 있다. 무언가 애타게 갈망하면 이룰 기회가 찾아오기 마련이다. 어렵게 찾아온 기회를 놓쳐 후회하지 말라는 뜻이다. 그 말을 마음에 새겨 과감히 실행한 끝에 나는 지금 애틋한 정분을 나누고 있는 중이다.

우리는 다양한 세상에 살면서 원하는 욕구가 충족되기를 늘 갈망한다. 원한다고 다 이루지는 못한다. 이루지 못한다 해도 돌이켜 보면 서운할 것도 실망할 것도 없다. 갖는다는 것은 잠시 내게 머물게 하는 작업일 뿐이다. 만나는 순간 이미 헤어짐을 예약하기 때문이다. 영원히 내 것일 수는 없듯이 소유는 어느 것 하나 영원한 게 없다. 시간이 흐르면 스스로 제 갈 길을 찾아 떠나기 때문이다. 필요에 따라 함께하는 동안 누릴 수 있는 호사를 마음껏 누리면 되는 것이다.

나는 오랫동안 배롱나무 분재를 갖기 원했다. 여러 해 동안 내가 원하는 수형을 찾지 못해 갈망해왔다. 자기 품에 온지 10여 년 가까이 온갖 정성을 다해 보살폈다는 전 주인 아가씨의 말이 귓전을 맴돈다. 생이별을 당하지 않으려면 당신보다 더 많은 정을 쏟으라는 경고의 메시지로 들렸다. 일방적인 나의 간절한 요구에 얼떨결에 생이별을 할 수 밖에 없었던 상황이었기 때문이다.

우리 집에 온 지 1주일이 지났지만 보면 볼수록 설레게 황홀함을 느낀다. 생이별을 하고 왔지만 지친 기색 없이 생기가 돈다. 언젠가는 나와 이별을 해도 새 주인을 만나 매몰차게 나를 외면하겠다는 암시로 받아들여야 할 것 같다. 소행이 역겹다는 생각도 들지만 그것이 자연의 순리요 법칙이다. 식물도 사람처럼 정을 나눌 줄 안다. 애절하게 배필을 갈망했던 노총각이 마음에 쏙 드는 상대를 만난 기쁨이랄까? 우리는 이른 아침 조우를 하면 누가 먼저라 할 것 없이 스킨십으로 시작한다. 손으로 어루만지면 앙증스럽게 온몸을 바르르 떤다. 떠는 율동이 소름을 돋게 한다. 주면 줄수록 깊어지는 정.

이삼일이 지나면 부풀어 오른 붉은 꽃망울이 터질 기세다. 하루하루가 출산을 앞둔 산모 앞을 지키는 심정이다. 밤하늘을 수놓을 폭죽처럼 이글거리는 태양을 향해 빵긋 터트릴 그 순간을 위해 축배를 준비해야 할 것 같다.

진통 그 뒤에 감춰진 기쁨

달콤한 사랑 나눔을 한지 10일째다.

아침 햇살의 호위를 받으며 붉게 부풀어 오른 꽃망울이 팝콘처럼 터지기 시작했다. 도미노게임을 보는 듯 내 눈을 의심케 하는 경이로운 순간이다. 신이시여! 이 황홀한 순간을 어찌하여 저에게 주신 건가요. 감격의 순간을 위해 기도하는 마음으로 자리를 지켰다. 꽃잎을 피우기 위해 바르르 떠는 만당홍 잎을 바라보는 내 눈빛도 붉게 핏물이 들어갔다. 아픔이 클수록 아름다움의 농도는 깊어져갔다.

목백일홍은 선홍색, 흰색, 연보라색 3종류의 색깔로 꽃을 피운다. 그 중에 나는 선홍빛으로 피는 분재를 갖고 싶었다. 나무만 보고는 꽃을 구분할 수가 없다. 색깔은 꽃이 필 때 직접 볼 수밖에 확인할 길이 없다. 매년 꽃이 피는 100일 동안만 확인할 기회가 주어진다. 이제까지 내가 배롱나무 분재를 선뜻 갖지 못했던 이유이기도 하다. 한식구가 된지 열흘 만에 그토록 갈망했던 붉은색 꽃봉오리가 모습을 드러냈다.

어떤 꽃이 필지 노심초사했던 나의 불안감을 일시에 소진시켜주는 사건이었다. 생면부지로 만났기에 몸매는 마음에 들었지만 어떤 꽃이 필지 그만큼 걱정도 많았다. 기대를 저버리지 않은 배롱나무의 배려에 내 가슴은 통째로 붉게 물들었다. 붉은 꽃잎이 마음을 온전히 점령해 버렸다. 오순도순 정다운 미소로 마음을 나누는 사이 시샘하듯 한줄기 바람이 휩쓸고 지나갔다. 화들짝 놀라 바르르 떠는 가지를 부둥켜안았다. 무수한 생각이 스쳐지나갔다.

그동안 나는 꽃의 아름다움만 보는 실수를 범해 부끄럽다는 생각이 들었다. 시각적 관점에서 판단하고 좋아했다. 한 송이 꽃을 피우기 위해 열정을 쏟아내는 처절한 몸부림은 가엾기 그지없다. 이제부턴 진통 그 뒤에 감춰진 감각적 기쁨까지 느껴야 될 듯싶다. 그것이 꽃을 감상하는 최소한의 예의가 아닌가 싶어서다. 그래야만 꽃을 사랑한다고 자신 있게 말할 수 있을 것 같다.

점령군의 기세로 나풀거리는 꽃잎 속에서 진한 사랑의 세레나데를 보는 것은 감동 그 자체다. 작은 꽃잎 속에 감춰진 비밀을 해독하면 한 편의 인생드라마를 보는 것처럼 생동감이 넘친다. 생이라 한들 피었다 지는 짧은 순간이지만 다음 주자를 위해 서슴없이 자리를 내주는 배려에 아니 감탄할 수 없기 때문이다. 사랑은 배려가 낳은 감각적 기쁨이다. 누구나 공감되는 만국적 언어인 셈이다. 자칫 잊을 뻔한 신혼초의 황홀하고 달콤한 순간들을 재연이나 하듯 나는 지금 만당홍과 정분에 푹 빠져있다. 기고만장한 나의 콧노래에 아내는 시큰둥한 반응을 보이지만 내심 우리의 사랑을 확인하는 나의 연출로 받아들이고 있음을 나는 안다. 정으로 깊어진 사랑을 패기와 열정으로 재현시키려는 나의 몸부림을 이미 눈치 챘기 때문이어라.

우리의 삶을 돌아보면 기쁘게 하는 일보다 슬프게 하는 것들이 더 많은 자리를 차지하고 있다는 것을 발견한다. 그럴 때마다 적자인생을 살아간다는 생각이 들어 늘 아쉬워했다. 적어도 반타작은 해야 살맛이 나지 않을까 싶었다. 그때부터 나와 연관된 기쁨의 소재를 찾기 시작했다. 내 취향에 가장 잘 맞는 메타포가 생기면 적극적으로 투자하는 습관이 생겼다. 그 투자는 기쁨을 넘어 행복으로 이어졌다. 나의 행복은 내 생의 적자를 메우는 과정에서 하나, 둘 채워지기 시작한다. 만당홍과 나는 생면부지로 만났지만 우리는 서로의 욕구를 채우며 유익한 공존의 공간을 생동감 넘치게 만들어가고 있다.

소유의 완성은 행복을 느끼는 순간이 그 정점이다. 그 이상을 추구하는 시간들은 덤으로 생각하면 옳을 일이다. 지나친 소유의 집착은 오히려 많은 부작용을 초래해 상처로 돌아올 수 있기 때문이다. 피고 지면서 내준 자리에 또 피고 져 100일 동안 아름다움을 릴레이 하는 만당홍의 기개는 절제된 소유만이 최상의 기쁨을 누리게 된다는 확신의 미소였다. 아름다운 인생의 여정을 위하여 투자하는 일은 삶의 질을 높이는 행복한 동행이다. 누구나 할 수는 있으나 아무나 하지 않는다. 그 감동의 순간에 매료되어 청춘의 피를 수혈 받는 고귀한 사랑을 나눌 줄 아는 사람들이 누리는 행운이다. 침체된 자아를 끌어올리는 행운은 추구하는 자만이 누리는 특권이요 행복이다.

칠월 햇살에 맞서 타들어가는 검푸른 잎에 한 종지 물을 주었다. 선홍빛 꽃잎이 하늘을 찌를 듯 힘이 솟구쳤다. 폐부 깊숙이 행복 바이러스가 기를 쓰는 진통이 일어났다.

행복한 세상 만들기

입춘이다. 기다렸다는 듯이 SNS에 '입춘대길 건양다경(立春大吉 建陽多慶)'이 오른다. 해마다 나누는 인사지만 올해는 예년과 다른 분위기다. 생동하는 싱그러운 봄을 목 놓아 그리는 사람들이 유난히 많은 겨울이었기 때문인 것 같다. 대부분의 사람들에게 찬바람이 부는 겨울은 춥고 배고픔의 상징이다. 나라도 기업도 어려운 경제 상황을 극복하기 위해 동분서주 하지만 국민들이 느끼는 체감 온도는 싸늘하기만 하다. 우리 모두가 공유해야할 난관이지만 봄을 그리는 간절함이 희망을 잃지 않으려는 몸부림으로 들리는 것 같아 안타깝다.

우리의 어려운 경제 상황을 나라 밖에서 훤히 들여다보고 있다는 사실이 놀랍다. 데이비드 립튼(David Lipton) 국제통화기금(IMF) 수석 부총재가 방한하여 쓴 소리를 했다. '한국은 사회적 계층 이동이 어렵고 중산층이 무너지고 있다. 재분배 정책을 통해 불평등을 줄여야 한다'고 경고를 했다. '흥미롭게도 불평등이 심해지는 나라는 성장이 저하되고 반대의 경우 빨리 성장하는 것을 수년간 봐왔다'고 충고를 덧붙였다. 이 어려운 난국을 극복하는 길은 국민과 기업이 서로 신뢰하는 소통의 믿음이 서야 가능하지 않을까 싶다. 구시대의 유물인 종속관계를 벗어나 상호 협력과 동반자적 관계로 나아갈 때 기업도 국민도 함께 이익을 창출할 수 있지 않을까?

온 세상에 추태를 부린 땅콩회항사건은 우리 국민들에게 찬물을 끼얹는 슬픔으로 돌아왔다. 가진 자가 특권의식으로 약자를 휘두르는 모습이 세상 사람들의 눈에 어떻게 비춰졌을지. 우리 국민은 관용과 포용을 버리지 않고 지켜보고 있다. 데이비드 립튼이 지적했듯이 나눔을 통해 편견과 불평등이 해소되기를 희망하는 전환점이 되기를 기대하고 있기 때문이다. 모든 기업이 다 그렇다는 건 아니다. 규모가 작은 중소기업을 경영하면서 많은 기부와 남다른 이웃 사랑으로 인정을 받은 사장님들이 있다. 그들이야말로 세상을 따뜻하게 하는 아름다운 경영인이다.

지난 가을이었다. 고양시 푸른기자단 회장을 역임한 K친구로부터 견학을 제의 받았다. 이름도 생소한 '바이네르 구두공장' 견학이라는 말에 난색을 표했다. 사실 구두가 필요하지도 않았고, 시간 여유도 없어서 거절했다. 친구는 구두는 덤으로 보고 정이 철철 넘치는 사람을 보러 오라고 했다. "정 넘치는 사람?" 호기심이 발동했다. 정에 약해지는 나의 심성을 K는 이미 알고 있었다. 매사에 정직한 K를 실망시키고 싶지 않아, 하던 일을 멈추고 아내와 함께 약속장소에 도착했다. 20여 명의 기자단과 함께 회의실로 안내를 받았다. 잠시 후 바이네르 대표가 직접 회사 소개를 했다. 그는 자그마한 키에 자신감이 넘치는 척당※(倜儻, 뜻이 크고 재주가 뛰어난 사람)이다. 산전수전 다 겪은 난사람이다. 난사람만으론 나의 시선을 끌지 못했을 게 뻔하다. 당찬 눈매에 편안한 미소는 여느 사장님과 다를 바 없었지만 그의 독특한 경영철학이 내 마음을 흔들어 놓았다. 그는 자신의 저서에서 "실천하는 자가 세상을 바꾼다."고 목청을 높이고 있다. 어떻게 하면 조금 더 가치 있게 살까?를 고민하면서부터 자신도 모르게 사업이 저절로 풀렸다고 말하는 대목에서 눈시울을 붉히기도 했다.

충남 당진 출신으로 중학교를 졸업하고 작은아버지 제화점에서 구두 만드는 일을 시작해 오늘에 이르렀다. 1984년 전국기능경기대회에서 제화부분 동메달을 수상할 정도로 손재주가 탁월했다. 세상에서 가장 편안한 구두를 만드는 것이 그의 꿈이다.

깔끔하게 단장된 공장은 우리가 생각했던 작업장이 아니었다. 전시 매장 같은 느낌이 들었다. 구두에 대한 애착만큼이나 직원들의 복지에 최우선을 둔 경영방침이 동종업계 매출 1위의 기업으로 성장시키는 원동력이 되었음은 부인할 수 없는 현실이다. 높은 임금과 상여금뿐만 아니라 대기업에서도 상상할 수 없는 승마, 수상스키, 최고급 스포츠카 타기 등 취미활동들을 직원들에게 무료로 제공하고 있다. 생산자와 경영자의 상생과 믿음이 조화를 이루는 경영방침에 누군들 박수를 보내지 않겠는가! 지금은 한걸음 더 나아가 장학사업과 어려운 소외계층을 위해 봉사를 아끼지 않는다. 누구나 할 수 없는 일을 그는 신나게 한다. 시켜서 하지 않고 스스로 찾아 나서는 그의 행동은 경영인의 자세가 세상에 미치는 힘이 얼마나 소중한가를 직접 보여주고 있다. 김원길 대표야말로 국민 모두에게 사랑받는 이 시대의 참 경영인이다. 나는 그를 두고 작은 거인이라 부르고 있다.

땅콩사건처럼 우리 국민에게 상처를 안겨주는 대기업보다 규모가 작은 중소기업이지만 스스로 나눔을 실천하는 김원길 대표 같은 기업인이 있기에 어려움에 처한 사람들이 희망을 잃지 않고 애타게 봄을 기다리는지도 모른다. 한 사람의 생각이 세상을 바꾸는 힘이 되는 것은 그 마음에 진실이 담겨있기 때문이다. 아름다운 세상을 꿈꾸며 행복한 세상 만들기에 몸소 실천하는 그의 삶이 헛되지 않길 기도로 응원을 보낸다.

올해는 모든 사람들이 사랑을 듬뿍 느끼는 입춘대길 건양다경 하시길 기원한다.

※ 척당(倜儻) : 사내경 서에 나오는 말로 뜻이 크고 재주가 뛰어나다.

■ 김경남 편

화장터 풍경

나는 조객(弔客)이 되어 화장터에 가는 것을 무척 싫어한다. 망자(亡者)에게서 내 모습을 보기 때문이다.

야산을 허물어 조성한 화장터는 운구차와 승용차로 북적거렸다. 장례식장을 떠나온 운구차에서 유족과 조객들이 내려서고 화물칸에서 하얀 관이 내려지면 미리 대기시켜 놓은 전동차에 관이 올려지고 미끄러지듯 건물 안으로 사라져 버린다.

분향실에서 영정과 위패를 모시고 마지막 절을 올리는 유족들. 화장로실 앞에 두 손을 모아잡고 도열해 있으면 조금 전 관을 실어갔던 전동차가 다시 나타나 화장로실로 향하고 문이 닫힌다. 우르르 조객 관망실로 들어가 작은 아치형 유리창 너머 망자의 모습을 한 번 더 보려고 화장로(火葬爐) 개폐문을 응시하는 유족들과 조객들. 엘리베이터 같이 생긴 화장로 문이 아래에서 위쪽으로 솟구치면 길쭉하게 텅 비어 있는 통로에 하얀 관이 스르르 빨려 들어가면서 아래로 문이 닫힌다. 그리고 이내 빨갛게 켜지는 화장 시작 스위치.

아아! 탄다! 탄다! 태운다! 태운다! 없어진다! 없어지는구나!……. 유리창을 부여잡고 오열하는 이, 소리 없이 눈물을 흘리는 이, 망연자실 붉은 스위치만 바라보는 이, 화장터에서 가장 가슴 아프고 슬픈 장면이 영화처럼 연출된다. 아니, 실제상황이고 리얼 다큐다. 특히나 교통사고나 화재나 익사 등 비명횡사한 사람이었거나 특별한 사연이 있는 죽음에는 관망실 유족의 곡성과 몸부림은 보는 이의 눈시울을 뜨겁게 한다.

유족 대기실로 흐느끼며 비틀거리며 유령 되어 걸어간다. 넓은 홀에는 바윗돌처럼 드리운 침묵 속을 소리 없는 장송곡이 흐르고 있다. 여러 기(機) 화장로 앞에서 관을 보고 돌아온 여러 유족과 수십 명 조객들이 쓰러지듯 의자에 몸을 뉜다. 그들의 검은 상복에서는 거무스레 설움이 번져 나오고 밤을 지새운 얼굴엔 누리끼리 비애가 펴져 있다.

유족의 얼굴에는 추억이 파노라마처럼 펼쳐진다. 망자의 생애, 투병과 숨을 거둘 때의 모습과 상황, 장례식장 안치와 빈소 문상객들의 조문, 염습실 유리문 너머 참관실에서 저승복 수의를 입히고 염포로 전신을 꽁꽁 묶는 대렴(大斂)을 할 때, 금기(禁忌)를 지키느라 울음을 삼켜가며 지켜보아야 했던 그 지통함, 입관과 성복, 하얀 천으로 장식한 관. 그 속에 말없이 누워 있는 망자, 화장로로 사라지던 관…….

1시간에서 2시간의 화장 시간. 참으로 길다고 느껴지는 것은 아마도 고통을 회피하고픈 인간 본능 때문이리라. 건물도, 사람도 말이 없는데 기계는 인정머리 없이 돌아가고 시계는 무심히 돌아간다. 화장로는 700도에서 1200도 온도로 두 개의 가스버너로 시신을 태우고 악취

나는 연기를 태워가고 있다.

화장터까지 온 사람들은 망자와 각별한 사이다. 피를 나눈 가족과 친척이었으며 정을 나눈 친지, 스승, 친구, 선·후배, 직장동료, 제자, 이웃사람들이다. 가시는 님은 하나이지만 인연 따라 찾아온 사람은 많으니 망자인들 어찌 무심히 저승 문턱을 넘을 수 있을까.

죽음과 삶, 저승과 이승, 꽤나 긴 단상에 젖었다. 전광판에서 '○호, ○○○, 화장 종료' 안내 문자가 뜨면 상념의 바다에서 유족들과 조객들은 깨어난다. 습골실로 향하면 분쇄기에 갈리어 유리창 너머로 건네받는 유골함. 겨우 한 줌의 재로 다시 돌아온 망자를 보며 다시 오열하는 유족들. 두 번째 울음바다가 펼쳐진다.

생각해 보라. 어찌 이렇게 잔인하고 야박할 수 있으랴? 그저께만 해도 곁에서 숨 쉬고 있던 산 사람이었다. 숨을 거두었다고 해서 산에 묻어버리거나, 태우고 갈아서 봉안함에 넣고서 석관이나 유리문 안에 안치하며, 그것도 모자라서 산에, 바다에, 나무 밑에 뿌려버리다니……. 죽은 자가 만약 말을 한다면 이승에 남은 사람들의 괘씸하고 이기적인 작태에 얼마나 서운해 할 것인가?

이제 망자는 살아 있는 자들의 의식 속에서 숨을 쉰다. 날이 가고 달이 갈수록 새록새록 그리워지는 대상으로 추억의 주인공으로 남는다. 죽음은 과거완료형이고 삶은 현재진행형이다. 흐르는 세월에 그리움은 모래처럼 쌓여 가지만 망자와의 기뻤고, 노여웠고, 애달팠고, 즐거웠던 기억은 야속하게 잊혀 간다.

죽은 자는 말이 없었다. 그러나 나는 화장터에서 망자의 말을 분명히 들었다.

"나의 죽음에서 어떻게 살아야 하는가를 알고 어떻게 죽어야 하는가를 알았는가?"

망자가 던진 화두는 바로 웰빙(Well-being)과 웰다잉(Well-dying)이었다.

나의 웰빙은 잡을 수 없는 무지개 같은 존재였다. 시간은 늘 내 등을 밀며 책임과 의무에 충실할 것을 재촉하였기에 몸과 마음은 늘 해파리처럼 흐느적거리며 살았다. 그러한 수동적, 피상적인 삶의 태도로 진정한 행복에 대한 모색이나 참살이를 구가할 여유도 없었다.

나의 웰다잉은 초대 받지 않은 손님 같은 존재였다. 38년에 걸쳐 직장 일에 목을 매달며, 30년 모셨던 시어머님께서 93세 일기로 세상을 뜨시고, 자식들이 성인되어 분가하기까지 아롱다롱 얼룩졌던 삶의 무늬가 세월의 공덕으로 하얗게 승화되었을 때 웰빙은 나에게 손짓을 하며 다가왔다. 그 무지개를 잡아보려고 팔을 내밀었을 때 시야를 가로막는 존재, 바로 병마(病魔)였다. 노년의 뜰에서 손짓하는 그 저승사자는 웰빙 구가를 빼앗아 가면서 나에게 때 이른 웰다잉의 준비를 명령한 것이다.

인생의 황혼기에서 누구나 나름대로 아름다운 죽음을 준비하려고 노력은 한다. 내게 해악을 끼친 이들을 용서하고자 하며, 내 가슴을 아프게 했던 이들을 찾아가 용서를 빌려고 한다. 가진 것이 있으면 베풀려는 노력도 한다. 자녀들에게 집안 내력과 가풍과 가훈을 일러주고 세상 살아가는 이치와 처신법과 인간됨을 훈련시키려고 한다. 버킷리스트(Bucket List, 죽기 전에 꼭 하고 싶은 일들의 목록)를 작성하고 그 실천을 맹세도 해보고, 유언장을 미리 작성해 두려고 한다. 입관을 체험하면서 삶과 죽음을 객관적으로 인식해 보기도 하며, 장기 기증도 고려해 본다. 생전에 유산 분배를 분명히 해 두고 스스로 묘지를 준비하려고 한다.

그러나 마음뿐, 삶의 소용돌이 속에서 이래저래 어영부영하다가 한마디 말도 못하고 세상을 뜨는 것이 삶의 현실이다.

웰빙과 웰다잉. 삶과 죽음. 운구차에 올라 화장터를 떠나오면서 망자에게 감사하였다.

나는 조객으로 화장터에 가는 것을 싫어하지 않으련다. 가서 망자의 훈계도 듣고 삶의 화두도 얻어 오기 때문이다.

쳐다보는 하늘에 눈발이 희끗하다. 가신 님의 눈물인가. 보내는 이의 눈물인가.

사랑과 예술의 '타지마할'

서재에는 사랑과 예술을 생각하게 하는 관광품이 하나 놓여 있다. 자연돌로 된 찻잔 받침. 새하얀 천연 대리석에 알록달록 천연 돌을 잘라 넣어 한 송이 붉은 꽃으로 형상화한 것인데 수년 전 인도에서 본 '타지마할'을 잊지 못해 사들인 것이다.

타지마할(Taj Mahal). 동서남북 붉은 사암으로 된 성곽 속에 존재하고 있었다. 아치형 어둑한 정문을 들어서니 희끄무레한 건물이 보이는 듯한데 문을 나서자마자 저 멀리서 새파란 하늘을 등에 업고 높다랗게 앉아 있는 새하얀 궁전이 눈을 뚫고 들어왔다. 타지마할! 아라비안나이트에서 보았던 환상의 궁전이 실제로 있었다! 조금 전까지도 행인과 자동차와 릭샤와 검은 소가 뒤엉켜 돌아가는 맨땅의 거리를 휴지와 소똥을 밟아가며 돌아다녔었는데 이런 신천지를 보게 되다니……. 경이로운 아름다움에 숨이 막히고 입은 벌어졌다.

멀리 보이는 궁전을 바라보며 한참을 걸어 나갔다. 사람 키의 네 배나 되어 보이는 높다란 대리석 기단에 올라섰다. 이 궁전을 멀리서 처음으로 바라보았을 때 유난히 웅장하게 보였던 것은 이 높은 기단석 때문이다. 또한 정문에서부터 이 궁전에 당도하기까지 정원과 연못을 유난히 길쭉하게 조성하고 그 사이를 붉은 사암으로 조성된 길을 밟아가며 한참이나 걸어오게 만듦으로써 궁전의 위엄을 원근기법으로 살렸다.

사방 95미터에 달하는 천연 대리석 광장에는 중앙에 돔(dome)형 둥근 지붕의 묘당이 앉아 있고 이를 엄호하듯 귀퉁이에 네 개의 첨탑이 서 있어 좌우 선과 면이 대칭을 이뤄 완벽한 조형미를 내뿜는다.

세계 각국에서 몰려든 알록달록한 차림의 관광객들이 덧신(대리석 보호)을 신고 묘당으로 들어가려고 개미줄을 이룬다. 아치형 문을 들어서면 실내는 어둑하다. 8각형 벽면과 높은 천장에 온갖 꽃나무와 기하학적 무늬가 섬세하게 조각되어 있고, 중앙 바닥에는 그 유명한 러브 스토리의 주인공 샤 자한 왕과 뭄마즈마할 왕비의 관이 나란히 놓여 있는데 그 주위에는 투각한 대리석을 병풍 치듯 둘렀다. 그 사이사이로 들여다보이는 왕과 왕비의 관. 무덤궁전의 하이라이트. 마치 우리나라의 나전칠기 공예품이 세공의 정교함과 채색의 화려함이 극치이듯 어두움 속에서도 희디 흰 대리석 바탕에 알록달록한 보석들이 꽃 모양과 당초무늬로 관 전체를 장식하고 치장하고 있어 그 화려함과 기품과 우아함과 위엄이 주는 감동은 과히 메가톤급이었다. 어찌나 그 예술성에 매료되었던지 추모의 정은 날아가 버리고 아름다움에 취해 정신이 몽롱해졌다.(이 관은 가묘이며 지하에 두 사람의 시신이 안치되어 있다.)

어찌 화려하지 않겠는가! 세계에서 가장 아름다운 건축물이라고 일컫는 만큼 기단석부터 지붕까지 전체가 최상급의 대리석과 진기한 보석과 준보석을 붙인 것이다. 대리석을 모자이크로 붙이거나, 꽃, 잎, 줄기 등 문양을 대리석에 파서 그 구멍에다 꽃 부분에는 붉은 루비나 벽옥을, 줄기 부분에는 누런 황옥이나 호박을, 잎 부분에는 푸른 사파이어와 터키석을 오려 넣는 상감기법으로 실물감을 살렸다. 뿐만 아니라 대리석에 꽃나무나 기하학적 무늬를 양각이나 음각으로 파서 도드라지게 입체감을 살리지 않았는가.

어찌 감탄하지 않으랴. 희귀한 보석들을 중국, 티베트, 스리랑카 등 외국에서 들여오고, 대리석 등 건축자재도 바그다드, 이집트, 러시아, 아프가니스탄, 페르시아에서 들여오고, 이탈리아, 이란, 프랑스 등 건축가, 석공 기술자와 모자이크 기술자 등 전문 기술자도 외국에서 불러 모아서 돌을 쪼고, 자르고, 파고, 끼워 맞추는 그런 최대의 공을 들였으니.

어찌 놀랍지 않으랴! 지금으로부터 약 360여 년 전, 건축물을 완성한 1653년 이때는 한국은 조선 17대 효종, 프랑스는 루이 14세, 중국은 청나라 세조 순치 때쯤이다. 그 당시에 대리석을 실어 나르는 코끼리 1000마리, 하루에 인부가 2만 명, 연인원은 20만 명 동원에, 국가 예산의 5분의 1인 4백만 루피(약 720억)를 쏟아 부어 1632년에서 1653년에 이르기까지 장장 22년에 걸쳐 건축한 희대의 정성이 아니던가.

얼마나 환상적이고 로맨틱한 사랑 이야기인가! 우타르프라더시주(洲) 무굴제국의 5대 황제 샤 자한(1592~1666)은 셋째 왕비를 유독 총애

하였다. 15번째로 아이를 낳은 직후 왕비는 열병으로 세상을 떴다. 잦은 출산이 그녀의 수명을 단축시킨 것이 아닐까. 비탄에 빠진 왕은 아내를 위하여 이 세상에서 가장 아름다운 궁전을 지어 그 속에 그녀를 눕히기로 결심하였다. 그리하여 완성된 그 당시의 건축물의 이름도 왕비 이름인 '뭄마즈마할'로 명명하였다. 허나 무슨 까닭인지는 모르지만 훗날에는 '찬란한 궁전'이라는 뜻의 '타지마할'로 바꾸어졌다고 한다.

너무도 무상하다. 왕은 타지마할이 완성한 후 자무르강 건너편 마주 보이는 곳에 다시 검은 대리석으로 자신의 무덤 궁전을 지어 타지마할과 구름다리로 연결하려 하였다. 이에 다른 왕비의 소생인 셋째 아들 아우랑제브는 첫째 왕자를 죽이고 왕인 아버지를 아그라성 탑에 유폐시키고 왕위에 오른다. 샤 자한 왕은 8년 동안 이곳에서 자무르강 건너 아스라이 보이는 타지마할을 바라보며 왕비를 그리워하다가 죽어갔다.

참으로 위대하다. 12억 인구의 인도, 그 인도를 먹여 살린다는 타지마할. 샤 자한 왕도 백성의 피와 땀으로 지은 이 건축물이 수백 년 후 세계적 관광자원으로 국가재정에 큰 도움을 준다는 생각은 하지 못했을 것이다. 입장료가 꽤나 비싸다. 내국인은 20루피(3,500원 정도)인데 반하여 외국인은 750루피(13,000원 정도)이다. 영국은 셰익스피어를 인도와 바꾸지 않겠다고 하였다. 인도는 타지마할을 그 무엇과도 바꾸지 않을 것이다

타지마할은 인도 모슬렘 예술의 진수이며, 세계문화유산, 세계 신(新) 7대 불가사의의 하나이다. 영국 BBC 방송이 인간으로 태어나서 죽기 전에 가 보아야 할 50곳 선정 중에 10위에 올린 건축물이다. '죽기 전

에'라는 말은 그만큼 '볼 가치'가 있다는 말일 게다. 타지마할에서 사람들은 무엇을 '볼 가치'로 여기고 무엇을 '얻어가게' 될까?

타지마할의 사랑이여, 꽃은 사랑으로 피고 아기는 사랑으로 자라고 아픈 이는 사랑으로 낫듯이 타지마할도 사랑으로 탄생하였다. 사랑은 모든 것을 꽃 피우는 요술의 요정이다.

타지마할의 예술이여, 예술은 심성을 아름답게 하고 사람들을 감동시키며 삶을 윤택하게 한다. 예술은 모든 것을 아름답게 만드는 마이더스의 손이다. 중국의 만리장성, 캄보디아의 앙코르와트, 페루의 마추픽추와 같은 유형 문화재에서는 위대한 인간 정신을 느낀다. 타지마할에서는 그러한 인간 정신 외에 하나 더 존재하는 것이 있으니 '사랑의 영혼'이라는 무형 문화재가 있기에 더 아름답다.

궁전을 돌아보고 걸어 나오는 남성들은 누구나 왕비를 그리워하는 왕의 슬픈 표정이 된다. 궁전을 돌아보고 걸어 나오는 여성들은 누구나 이승에 두고 온 남편을 안타까워하는 왕비의 슬픈 표정이 된다.

내가 죽으면 나의 남편은 슬퍼하며 어떤 무덤을 만들어줄까?

나는 어떤 몸짓으로 삶의 동반자를 사랑해야 하는가?

내 삶은 어떤 예술로 승화시켜야 하나?

무덤 궁전을 보고 나서 다시 한 번 삶과 사랑과 예술을 생각해 보게 되었다.

필요악(必要惡)

요즈음 대한민국은 범국민적으로 우울하다. '세월호 참사'로 여러 달 슬픔에 젖어 있었고 '윤 일병 사건'으로 여러 날 분노하고 있다.

최근에 알려진 '윤 일병 사건'은 필요악을 악용한 사례다. 필요악이란 사전적 의미로 '원래는 없는 것이 바람직하지만 조직의 운영이나 사회생활상 어쩔 수 없이 필요한 것처럼 여겨지는 일이나 생각하는 일'을 뜻한다. 군(軍)의 필요악은 생활교육을 통한 군기(軍紀) 세우기이다. 군기를 확립한다면서 비인간적인 방법으로 폭력과 고문을 남발하여 필요악을 넘어서고 절대악(絶對惡)에 다가섰다. 사실 절대악은 존재하지 않는다. 선과 악은 항상 상대적으로 평가되는 것이기에 어떤 살생(殺生)이나 살인(殺人)은 그 대상과 기준에 따라 절대악이 되기도 하고, 되지 않기도 하는 것이 절대악이 지닌 성격이다.

나는 이 사건을 접하고 지금까지 20여 년간 주말 전원생활을 하면서 심각하게 고민했었고, 내 삶의 가치관까지 흔들어 놓았던 '필요악'

이라는 화두에 관한 추억을 떠올려 본다.

40대 중반, 경기도 이천에 집 뒤에는 텃밭이, 대문 밖에도 조그마한 텃밭이 딸려 있는 한 허름한 농가에서 주말 전원생활을 시작하였다. 콘크리트 냄새 나는 도회지 생활과 교권 추락으로 위축되었던 교편 생활에서 오는 회의와 피로를 조금이나마 희석시키고 날려 보내기를 절실히 기원하는 마음에서였다.

전원생활의 백미는 당연 텃밭 일구기다. 봄 햇살 아래에서 상추, 쑥갓, 깻잎, 옥수수, 감자 등 20여 가지 씨앗을 뿌리며 신기해하였다. 여름 뙤약볕 아래에서 비지땀을 흘려가며 잡초와 병충해로부터 식물 가족을 돌보며 즐거워하였다. 삽상한 가을바람을 온 몸으로 느끼며 뿌린 대로 거둔 열매에 삶의 희열과 보람에 젖었다. 차가운 겨울 텃밭에 서서 수확이 끝난 밭고랑과 이랑에 널브러져 있는 마른 낙엽과 시들은 배춧잎을 바라보며 그 해의 영농일기를 떠올리며 다음 해 농사력을 구상하였다. 이렇게 나의 전원생활은 날이 가고 달이 가고 해가 갈수록 생활의 비타민이 되고 삶의 낙이 되어갔다.

처음에는 현실도피적이고 일탈을 꿈꾼 전원생활이었다. 시간이 흐르면서 아이러니컬하게도 농작물 재배에서 다시금 자신의 직업세계가 투영되었다. 땅은 교육현장으로, 농부는 교사로, 농작물은 학생으로 보였다. 씨앗은 교육, 햇빛과 물과 공기는 지식이었고 농기구는 학습기자재였다. 덧거름, 웃거름으로 쓰이는 비료는 교사의 훈화와 학부모의 잔소리와 다름없었고, 살포하지 말아야 할 농약은 삼가야 할 체벌이었다. 농사는 일년지계였고 교육은 백년지계였으며, 농부는 농심으로, 교육자는 교육애로 삶을 살았고, 전답농사가 바로 인간교육과 다르지 않았고

작물의 재배과정이 곧 인간의 교육과정이었다.

그리하여 도회지 학교 교실에서 분필가루를 날리고 있을 때면 농가에서 키우고 있는 농작물을 떠올리며 하나라도 더 가르치려고 목소리를 높였으며, 농가에서 채소를 기르고 있을 때면 도회지의 나의 사랑하는 제자들을 떠올리며 물 한 번 더 주고 북돋기 한 번 더 해주려고 애쓰는 나를 발견하곤 했었다.

이렇게 사랑했던 전답농사와 인간농사인데, 내가 실망한 것은 인간농사에서였다. 전답농사는 '자연'이라는 땅에는 콩 심으면 콩 나오고 팥 심으면 팥이 났다. 뿌린 대로 거둘 수 있었다. 인간농사는 분명히 콩을 심었는데 팥 같은 인간이 나오고, 팥을 심었는데 콩 같은 인간이 나왔다. '학교'라는 인위적 텃밭에서 '교육'이라는 씨앗을 뿌려 '인간다운 인간'이라는 열매를 거두는 본래의 목표 달성이 쉽지 않음을 깨달았다.

전답농사 또한 그 재배 과정에서 심각한 문제가 없는 것은 아니었다. '농약'의 존재다. 씨앗뿌리기와 성장기까지 멀쩡하게 잘 자라다가 수확기에 접어들면 기다렸다는 듯이 병균이 생기고 벌레가 생기고 병들어 버린다. 이때 나는 갈등의 늪으로 빠져든다. 농약을 치느냐? 마느냐? 치게 되면 병충해에 시달리고 괴로워하는 작물들은 살리게 된다. 그러나 재배작물 보호 차원에서 살생은 괜찮다는 인간 위주의 사고로 농약을 치게 되면 "나도 생명체"라며 살려달라는 천적(天敵) 병충과 병균과 잡초들은 무참히 죽게 된다. 또한 치게 된다면 농약의 중금속이 체내에 들어가 인간 생명을 위협하고, 토양과 수질 오염을 일으키고, 생태계 파괴로 이어진다는 점도 감안해야 한다. 농약을 치지 않게 되면 이번에는 농작물들이 죽어가는 소리를 들어야 하고 벌레 먹은 자연 그대로 거두다 보니 최상품이나 소출 증대를 포기해야 하는 한 해 농사 도로아미타불을 각오해야 한다.

해결 방법은 없을까? 인간, 먹거리, 천적 이 세 가지 존재가 공존공생 하는 방법은 오로지 유기농법(有機農法)의 실천이다. 예를 들어 논에 지렁이와 우렁이와 오리를 풀어 잡초를 제거하고 배설물을 비료로 활용할 수 있지만 그 넓디넓은 논에 풀어 넣을 많은 동물들을 구할 수 있을까? 또한 퇴비, 부엽토, 소똥, 닭똥, 골분, 콩깻묵, 유박, 어박 같은 유기 비료만을 고집하여 농사짓기란 일손도 많이 가고 불편하기도 해서 100% 순수한 유기농 농작물 생산은 이상적이되, 그 문제점과 개선점은 늘 존재하고 있는 실정이다.

내 비록 손바닥만한 텃밭이지만 20여 년을 오리지널 농촌에서 아마추어 농부로 화학 비료와 농약을 사용하지 않으려고 노력해 왔다. 상추에 단골손님 달팽이가 숨어있으면 손으로 집어내고, 고구마 긴 허리에 잡초가 뒤엉켜 놀면 손으로 잡초를 갈라놓고, 배추에 벌레가 노닐면 집어내고 놓아주었다. 잡초와의 전쟁에서 늘 패하면서도 농약을 살포하지 않고 호미로 뽑아내었다. 그러나 가사와 직장일로 1, 2주 만에 와 보면 그동안 빈 집에서 우후죽순 생겨난 잡초와 벌레 때문에 토요일, 일요일 이틀에 걸쳐 식물 가족들을 보살피랴 초주검이 되도록 일을 해야 했다.

이 틈을 타서 농약은 드디어 내 농작물 재배 사전에 등재되었다. 이름하여 '필요악'이다. 남편과 나는 농약 사용 인증을 하였다. 수확을 못 할지언정 농작물과 유실수에는 절대 농약(살균, 살충, 살비, 살서,

전착, 생장 조정)을 뿌리지 않으며 단, 잡초의 놀이터로 변하는 앞뜰과 담벼락 밑 잡초에는 농약(제초제)을 인정사정없이 뿌리기로 합의했다. 결국 대상에 따라서 농약을 뿌리거나 뿌리지 않는 이율배반적인 기준하에 고독성 농약에 맥없이 죽어가는 잡초들을 보고 있노라면 죄책감과 자괴심에 가슴이 아파왔다.

나의 이러한 농작 체험으로 봐서 농약(農藥)은 농사(農事)에서 필요선(必要善)이 아니라 필요악(必要惡)으로 존재한다는 점에 슬퍼하고 있다. '윤 일병 사건'에서 필요악이 절대악처럼 여겨지는 것처럼 농작물 재배에서 농약 살포가 절대악으로 자리 잡는다면 불안전한 먹거리로 우리 인류는 어떻게 될까?

교육 발전을 위해서는 체벌이, 경제 발전을 위해서는 환경오염이, 평화를 위해서는 전쟁이, 질서의 유지와 통일성의 확보를 위해서는 국가와 권력이 필요악이 될 수밖에 없는 삶의 현실이다.

그러나 이 필요악이 오만하게 미화와 미명과 명분과 합리화의 가면도 마다하고 정치, 경제, 사회, 교육에 절대악으로 발돋움하여 변신하지 않을 것이라는 보장은 없다. 그래서 우리 대한민국 국민은 어제도 떨었고, 오늘도 떨고 있고, 아마 내일에도 불안으로 떨 것이다.

■ 김광화 편

휴대폰 중독

지인과 맛 집으로 알려져 있는 식당을 찾았다. 소문대로 맛이 있고 손님들도 많았다. 사람들마다 식탁에 둘러앉아 식사를 즐기면서 이야기꽃을 피웠다. 그렇지만 어찌나 소란스러운지 마주 앉은 사람과 대화 나누기조차도 힘들었다. 그런데 아까부터 유독 조용한 식탁이 눈에 띄었다. 부부로 보이는 남녀와 초등학생 또래의 두 아이로 보아 한 가족 같은데 모두들 핸드폰에 시선이 고정된 채 여념이 없었다. 아빠는 뭔가를 유심히 들여다보고 있고, 엄마는 화면을 보며 연신 키득거렸다. 두 아이는 게임을 하고 있는 듯 했다. 모처럼 외식 나들이일 텐데 참으로 가관이었다. 한 가족의 핸드폰 삼매경은 주문한 식사가 올 때까지 계속 되었다. 이런 광경이 굳이 생소한 것은 아니다. 핸드폰 보급이 늘어나면서 요즘 주변에서 흔히 볼 수 있는 광경이다. 전철이나 버스 안에서, 찻집에서, 심지어는 길거리에서도 자주 목격할 수 있다.

정도의 차이는 있을 뿐 다른 나라에서도 휴대폰 중독의 심각성에 대해 자주 언급하고 있는 걸 보면 상황은 비슷한 것 같다. 그 중에서도 우리나라가 단연 으뜸임은 우리나라의 휴대폰 보급률을 보면 알 수 있다. 통계에 의하면 12세 이상 18세까지 청소년의 평균 보급률이 약 90%이고, 경제활동 인구는 거의 100%가 지니고 있는 실정이다. 현대 생활을 함에 있어서 이제 휴대폰은 없어서는 안 될 생활필수품이 되어버린 것이다. 이와 함께 '휴대폰 중독증'이라는 병명이 새로이 등장하게 되었다. 이 같은 증상은 주로 젊은 사람들에게 많이 나타나고 있으며 이들은 휴대전화가 손에 없을 경우 심리적으로 큰 불안감을 느끼는 것으로 알려졌다. 또 휴대폰이 오랫동안 울리지 않으면 벨이 제대로 설정됐는지 확인하거나, 다른 사람의 벨소리를 자신의 벨소리로 착각하는 등의 증세를 보인다고 한다. 심지어 화장실에 가거나 목욕 중일 때도 한 켠에 휴대폰을 두지 않고는 못 견딘다. 특히 중·고등학생과 20대 여성이 심한 것으로 전문가들은 보고 있다. 미국 버지니아 공대 연구 결과, 휴대폰을 사용하며 걷는 보행자는 사고 당할 위험이 76%나 증가하고, 운전 중 전화를 걸때 사고 위험이 2.8배로 증가하는 걸로 나왔다. 운전 중 문자 메시지는 음주 운전보다 훨씬 더 위험하다고 한다.

또한 최근 일간지에 실린 조사에 따르면, 휴대폰 사용자의 뇌종양 발생 확률이 일반인보다 2.5배 높고, 휴대폰 전자파에 의한 뇌세포 손상은 절대로 회복되지 않는다고 한다. 뿐만 아니라, 30분 이상 휴대폰을 사용하면 교감신경 활동의 증가로 혈압이 오른다. 그 외 여러 질병을 일으키고 수면장애까지 유발한다는 것이 이미 과학적으로 증명되었다. 이처럼 많은 사람들이 휴대폰의 과다 사용으로 전자파의 영향을 받아 두통을 느끼고 질병의 위험을 안고 살아가고 있는 것이다. 그리고 무엇보다도 중대한 사실은 가족 간에도 대화의 결여를 초래한다는 점인데 우리 집도 예외일 수 없다. 요즘 아내가 그렇다. 올드 폰을 언제까지라도 고수하려는 듯 하더니만 얼마 전 최첨단 신형 폰으로 바꾼 이후부터 아주 맛을 붙였다. 나의 경우, 모임 공지나 가족 친지간의 연락 외 광고성 문자까지 한몫해서 많을 때는 하루 동안 수십 건의 메시지가 들어온다. 근무시간 중에는 들여다 볼 시간 여유가 없어서 귀가 후에 차분히 들여다 볼 때가 많은데 보는 시간이 좀 길어진다 싶으면 싫은 소리 한마디씩 했던 사람이었다.

"뭐가 그리도 볼 게 많노."

"요즘 수상해. 누구랑 연애하는 기가?"

그러던 아내가 휴대폰 보는 횟수가 부쩍 늘었다. 어떤 때는 섭섭한 마음마저 들게 한다. 언제 익혔는지 멋진 글을 다운 받아 보내기도 하고 찍은 사진을 편집해서 노래와 함께 띄우기도 한다. 밴드를 통해서 정보도 공유하는 것 같다. 그렇다고 중독이라고 표현할 단계는 아니고 과도기인 것 같다. 이제 우리가 살아가면서 휴대폰이 없는 생활은 상상하기 어려울 만큼 이미 생활 속 깊이 자리매김하였다. '중독증'이라는 수식어가 붙을 만큼 지나치게 사용하지만 않는다면 좋은 점이 훨씬 많다. 우리 생활에 없어서는 안 될 아주 편리하고 유용한 물건이다. 그리고 다행스러운 것은 휴대폰이 치매 치료나 예방에 도움을 준다는 연구 결과이다. 고령화 시대에 진입하고 있는 요즈음 희소식이 아닐 수 없다. 늙어서 아내의 치매 걱정은 안 해도 될 것 같다.

배은망덕

마음이 착한 늙은 부부의 집 처마 밑에 젊은 여자가 추위에 떨며 비바람을 피하고 있었다. 마침 식모를 구하려던 차에 오갈 데 없는 그녀의 딱한 사정을 동정하여 식모로 채용했다. 그런데 이 젊은 식모는 행실이 좋지 못해 이웃에 사는 젊은이와 눈이 맞았다. 몇 달이 지나자 그녀의 몸에 아이가 생기게 되었다. 이것을 안 노부부는 그녀를 나무라지도 않고, 다행히 어린애가 없어 애태우던 터라 친절히 위로하면서 "조금도 걱정마라. 어린애를 낳으면 우리가 양자로 삼을 테니까."라고 말했다.

이윽고 달이 차서 그녀는 사내아이를 낳았는데 노부부는 출산 비용을 전부 부담했고, 출생한 아이를 양자로 삼는 수속을 밟았다. 그런데 얼마 있지 않아 그녀는 또 다시 몸이 무거워졌다. 이때도 친절한 노부부.

"어린애가 하나뿐이면 쓸쓸해 할 거야. 동생이 있는 편이 좋아."

하고서, 두 번째 아이도 양자를 삼았다.

그녀에겐 같은 일이 세 번 있었다. 어디까지나 마음 좋은 노부부는 이때도 그다지 화내지 않고 출생한 아이를 또 다시 양자로 삼았다. 그런데 이러한 대은(大恩)을 받은 젊은 그녀는 산후의 몸이 회복되자마자, 노부부의 집에서 나가겠다고 말한다. 깜짝 놀란 노부부가,

"대관절 어떤 불만이 있어서 나간다는 거지?"

하고 묻자 그녀는 태연히,

"이렇게 아이 많은 집에서 식모살이 할 수는 없어요."

얼마 전 남루한 차림의 중년 환자가 병원을 내원했다. 치아의 상태가 너무 나빠서 적당한 치료 방법을 찾기 위해서는 한참 고민을 해 보아야 할 정도였다. 발치를 해야 할 치아도 있고, 나머지 치아 중 일부는 상태가 좋지 않아 신경치료는 기본이고 대부분 삭거나 많이 닳아서 보철하기에도 힘든 상황이었다. 그나마 잇몸 뼈마저 좋지 않아 임플란트도 쉽지 않아 어느 방법을 택하든지 만족할 만한 치료 결과를 장담할 수 없는 상황이었다. 이런 경우 의사들은 가능한 한 피하고 싶어 한다. 환자도 그동안 이미 여러 군데의 병원을 다녀 보았고 치료가 쉽지 않다는 것쯤은 알고 있었다. 달가워하지 않는 나의 마음을 어느 정도 눈치 챘으련만, 그럼에도 불구하고 매번 고분고분한 자세로 1년 가까운 시간을 꾸준히 찾아왔다. 이러한 환자의 마음은 나로 하여금 그를 더 이상 거절할 수 없게 만들었고 신중을 다하여 몇 번의 수정 끝에 최종 계획을 세웠다. 그리고 임플란트와 일반 보철, 치주 수술을 병행하면서 수개월에 걸쳐 치료를 잘 마쳤다. 그런데 뜻밖의 문제가

생겼다. 정작 만족해야할 환자는 불만의 연속이었다. 다른 곳에서는 쉽사리 응하지 않을 만큼 좋지 않은 치아를 그나마 가격도 저렴하게 해준 것에 대한 고마움을 표해야할 입에서 이것저것 불만이 쏟아지기 시작했다. '치료계획을 왜 그렇게 자주 바꿨느냐', '이것도 치료비에 포함됐을 텐데 왜 안 해주느냐', '보철물 모양이 맘에 안 든다. 다시 수정해 달라.'

의사로서 최선을 다해서 치료를 해 주었는데도 그동안의 과정은 안중에도 없고 매번 본인의 불만족에 대한 요구를 내세웠다. 모든 의사가 피하고 싶어 하는 까다로운 치료를 나름 성의껏 치료를 해 주었으면 적어도 고맙다는 표현은 못할망정 불평하지는 않는 것이 도리일진데 그야말로 물에 빠진 놈 살려주었더니 내 보따리 내 놓으라는 격이다. 서두의 예화나, 이 환자의 경우를 사자성어로 표현한다면 '배은망덕(背恩忘德)'이라는 말이 적절할 것 같다. 사전적인 의미로 배은망덕이란 '남에게 입은 은덕을 저버리고 배신하는 태도가 있음.'이라고 정의하는데 문명이 발달하고 지적 수준이 높아질수록 인심은 강팍해지고, 자신의 이익과 안위를 위해서 은덕 따위는 쉽게 외면해 버리는 경우가 갈수록 많아지고 있다.

최근의 통계에 의하면 작년 한 해 동안 부모가 자식을 상대로 부양료 소송을 신청한 건수가 250여 건이고 이는 10년 전의 2배에 달한다고 한다. 오죽이나 괘씸했으면 자식을 상대로 소송을 할까? 모두 100% 자식에게만 책임이 있다고 볼 수는 없겠지만 전 재산을 자식에게 내주고 갖은 구박과 천대를 견디다 못해 법에 호소하는 경우가 대부분이다. 그중에는 국가 유공자로 정부에서 매달 보내주는 생활 지원

금을 자식에게 빼앗기는 사람도 있다. 배은망덕도 유분수다. 성경에 나오는 인물들 중에서 배은망덕의 대명사격인 가롯 유다와 같은 현대판 가롯 유다가 오늘날 우리 주변에 비일비재하다.

자고로 은혜를 모르면 금수와 다를 바 없다고 하였다. 아무리 세상살이가 힘들고 각박할지라도 인간 본연의 도리만은 변하지 않는 사회가 되었으면 한다.

힐링여행

가을이 한창 무르익는 시월의 어느 날, 휴일을 이용하여 1박 2일로 절친한 최 전무네와 여수를 거쳐 순천을 여행했다. 긴 여행이든, 짧은 여행이든 여행 그 자체는 항상 설렘을 동반한다. 친구는 친구대로 직장 고위 간부로서 때론 휴일까지 반납해가며 업무에 매진하느라고, 나는 나대로 아픈 사람의 신체를 다루는 직업이다 보니 늘 스트레스가 따르기 마련이다. 바쁜 일상에서 잠시나마 탈출한다는 자체만으로도 충분히 설렐 수밖에 없는데 가족이나 단체 여행이 아닌 친한 친구와 부부동반으로 갖는 단란한 여행은 그리 흔치 않는 일이기에 평소보다 설렘이 더했다.

우리는 시간 절약을 위해 서울-여수간은 항공편을 이용하고 현지에서는 렌터카로 이동하였다. 여수는 아주 오랜만의 두 번째 방문이라 모든 게 낯설었지만 이곳이 고향인 친구 덕에 알차게 보낼 수 있었다. 비행기에서 내려 시내를 경유하여 돌산공원에 올랐을 때에는 이미 주변은 어둠이 내리고 있었다. 돌산공원에서 내려다보이는 여수항의 밤바다는 화려했다. 오색 휘장을 감은 듯한 돌산대교와 그 아래로 유유히 지나는 유람선의 찬란한 불빛이 밤바다를 수놓은 듯 아름다웠다. 여름이면 발가벗고 수영을 했다는 곳을 가리키며 동심에 젖어있는 그의 눈빛은 이미 추억에 잠겨 있었다. 발가벗고 물장구치며 놀고 있는 소년 시절의 그와, 반백의 머릿결을 날리며 지금 내 앞에 서 있는 친구의 모습을 오버랩하는 순간 인생무상이 느껴졌다. 형용할 수 없는 미묘한 감정은 씁쓸한 미소로 번지고 이내 어둠에 가리워졌다. 저녁식사는 맛 집으로 잘 알려져 있는 식당을 찾아서 여수의 명물 돌산 갓김치와 하모(갯장어)탕으로 했다.

숙소는 오동도 국립공원 근처의 엠블호텔에 묵었다. 단순한 여유와 휴식을 위한 공간을 넘어 전 객실에서 에메랄드빛의 남해바다를 바라보며 여유와 낭만을 느낄 수 있다는, 그래서 2012 여수 세계박람회 이후 해양도시의 아름다운 낭만과 명실상부한 남해안의 새로운 랜드마크로 자리매김한 곳이다. 여장을 풀고 함께 바닷바람을 쐬었다. 아직은 차갑지 않은 밤바다의 해변을 거닐며 정담을 나누는 것 또한 여행 중 즐거움의 하나였다. 여행의 설렘이 채 가시지 않는 터라 그대로 잠자리에 들기엔 미련이 남아 누가 먼저라고 할 것 없이 함께 근처 상점에서 48장 동양화(?)를 구입하여 잠시나마 진정한 고수를 가리는 시간도 가지며 화기애애한 분위기로 첫날 일정을 마쳤다.

다음 날 아침 일찍 호텔의 휘트니스클럽에서 가볍게 몸을 푼 후 뷔페식으로 조식을 마치고 오동도 동백섬을 일주했다. 원래 오동도는 오동나무가 많아서 생긴 이름이라는데 지금은 지명이 무색할 정도로 거의 없고 동백나무와 시누대(해장죽)로 꽉 들어차 있다. 시기가 시기인지라 꽃을 볼 수 없어서 조금은 아쉬웠다. 동백꽃은 어릴 적 사연이 스며있는 꽃으로 코스모스 다음으로 좋아하는 꽃이다. 나무들이 서로 뒤엉킨 채 빽빽하게 들어선 400년 이상 된 동백나무 숲을 보니 세월의 흐름이 느껴졌다. 바닷가에서 수평선을 배경으로 마치 어린 아이들처럼 포즈를 취해가며 연신 사진기에 추억을 담았다. 다시 호텔로 돌아온 우리는 여장을 꾸리고 2012 여수 세계박람회 때 인기를 끌었던 아쿠아리움 관람 후 이순신 장군의 체취가 배인 진남관을 둘러보았다. 이곳이 친구의 어릴 적 놀이터였단다(무엄하도다ㅎㅎ). 바로 근처에 있었다는 어릴 적의 생가는 당시 화재로 타버려서 흔적을 찾을 수 없기에 몹시 아쉬웠다.

점심 식사는 여수 명물 중의 하나인 금풍생이(군평선이의 사투리)를 맛보기 위해 교동시장의 맛 집을 찾았다. 여수 근처의 바다에서만 주로 잡혀서 타 지방 사람들에게는 잘 알려져 있지 않는 고기이다. 식사 후 잠시 친구의 친척집을 방문하고 갈대 축제가 한창인 세계 5대 연안습지 순천만 자연생태공원으로 향했다. 가을의 정취 중에서 빼놓을 수없는 게 국화, 코스모스와 더불어 갈대가 아닌가 싶다. 자연 군락지라고 믿기지 않을 만큼 광활한 70만 평의 갈대숲은 끝이 하늘과 맞닿아 있었다. 그야말로 장관이었다. 바람 방향에 따라 넘실거리는 모습은 마치 커다란 파도가 밀려왔다 밀려가는 듯한 착각마저 들게 했다. 갈대숲 사이로 드러난 개펄에는 어물전 망신시킨다는 짱뚱어들이 못생긴 몸을 온통 개펄로 가린 채 툭 비어져 나온 눈만 번득이며 뛰놀았다.

아직 한낮의 햇볕은 따가워 조금은 무덥기도 했지만 우리는 갈대밭 산책로를 따라 걸으면서 자연의 아름다움에 취해 잠시 시간을 망각했다. 순천만의 낙조는 또 다른 절경이라고 한다. 하늘과 맞닿은 광활한 갈대숲이 붉은 저녁노을에 반사되어 바람결에 황금빛으로 일렁이는 모습은 상상만으로도 가슴을 들뜨게 한다. 용산 전망대에 올라 순천만 낙조를 보는 게 필수 코스라는데 예약된 마지막 서울행 비행편 스케줄 때문에 아쉬운 마음을 뒤로한 채 생태공원과 바로 이웃한 순천만 정원으로 발걸음을 옮겨야 했다. 순천만 정원은 그야말로 세계 각국의 대표 정원을 옮겨놓은 듯한 착각이 들만큼 정교하고 아름답고 예쁘다. 자연에 의해 형성된 순천만 갈대숲과 인위적으로 조성된 순천만 정원이 주는 느낌을 한마디로 비유한다면 석가탑과 다보탑으로 표현할 수 있을 것 같다. 순천에서 유명하다는 짱뚱어탕으로 꼬막과 함께 이른 저녁 식사를 마치고 서울행 마지막 항공기가 기다리고 있는 공항으로 향했다

돌아오는 내내 잠시나마 인간과 자연의 경계를 무너뜨린 낭만적 소품과 같은 순천만 갈대숲의 정경과, 친구의 어릴 적 추억이 깃들어 있는 이곳저곳의 광경들, 그리고 식사 때마다 맛 집을 찾아다니며 시식하는 재미로 쏠쏠했던 시간들에 대해 대화하다 보니 어느새 김포공항 도착을 알리는 안내방송이 들려왔다.

여행은 다리가 떨릴 때 가는 것이 아니라 마음이 떨릴 때 가는 것이라고 한다. 여행이란 영혼의 목욕탕과 같다. 일상으로 찌든 마음과 영혼을 벗겨내어 속살이 다시 보이게 하는 그런 것이 바로 여행이 주는 선물이 아닐까?

비록 짧지만 친구와 더불어 즐거웠던 시월의 멋진 힐링여행이었다.

■ 김평화 편

친구 다발을 가진 부자

'진실한 친구는 좋은 약과 같다.' 성경에 나오는 말씀이다.

'멀리 떨어져 있으면서도 마음의 그림자처럼 함께 할 수 있는 그런 사이가 좋은 친구일 것이다.' 법정스님의 말씀이다.

사람이 친구 없이 살아 갈 수 있을까? 친구가 없이 이 세상을 살아 간다는 것은 적막한 사막을 혼자 걸어가는 외로운 나그네와 같을 것이다. 일생을 살면서 수많은 사람을 만나고 옷깃을 스친다. 바람처럼 스쳐간 이름 모를 사람도 있고, 가슴에 슬픈 흔적을 남기고 영원히 사라지지 않는 사람도 있다. 좋은 인연으로 만나 기쁨과 향기를 내뿜는 한 송이 꽃 같은 사람이 있는가 하면, 마음이 아플 때 보슬비처럼 가슴을 적셔 주는 사람, 따뜻한 마음으로 심장을 울리게 하는 친구도 있다.

여러 도시를 이주하며 살다 보니 가는 곳마다 친구가 생겼다. 아침에 눈을 뜨면 여러 주(State)로부터 전해오는 친구들의 인사가 밝은 하루를 열어준다. 늦게나마 IT시대의 혜택을 듬뿍 받으며 살고 있음이 얼마나 고맙고 신기한 일인지 모른다. 세계 어느 곳에 있어도, 영상으로 얼굴을 맞대며 이야기할 수 있고, 이메일과 카톡으로 메시지를 전달할 수 있는 최첨단 기술 속에 휩쓸려 살고 있다.

미국 대통령 토마스 제퍼슨은 우정을 포도주에 비유한 일이 있다. 우정은 좋은 포도주처럼 사람을 행복하고 기분 좋게 만들어 준다는 것이다. 맞는 말이다. 친구로부터 문자 하나만 받아도 기쁘고 즐겁기 때문이다. 사람이 그리운 나는 어디를 가나 친구 하나 둘은 잘 사귀는 편이다.

조지아에 사는 친구는 삼십년이 넘게 알고 지낸 친구다. LA에서 살다가 조지아로 이사를 갔다. 하루가 천 년 같이 느껴지듯 힘든 일이 있을 때마다 항상 함께 기도하며 위로 하던 친구이다. 서로 기쁨을 나눌 때는 전화통이 뜨거워진다. 가족하고 나누지 못하는 말을 다 할 수 있어 좋다. 요즈음 감기 몸살로 힘들어 하는 나를 위해 매일 카톡이 바쁘다. 약을 보내겠다고 성화다. 늦둥이 딸을 의지하며 열심히 사는 그녀는 우리 집에 큰 행사가 있을 적마다 멀리서 날아왔다. 내가 죽으면 달려올 수 있는 친구다. 나는 그녀에게 빚을 지고 산다. 보고 싶으니 한 번 찾아오라는 청을 아직 들어주지 못하고 있기 때문이다.

뉴욕에 사는 친구는 컴퓨터를 배우려 들지도 않고, 새로운 기술에 접하는 것이 두렵다며 편지로 소식을 전해오고 있다. 뉴욕에서 같이 살자는 그녀는 그림을 그리며 노후를 멋지게 보내고 있다. 교회 봉사일도 열심히 하면서 바쁜 시간을 보내고 있다. 나는 추운 날씨에는 자신이 없어, 따뜻한 하와이로 와서 살자고 하지만 서로가 자기가 사는 곳이 더 좋다고 우긴다.

메릴랜드에서 가족처럼 지내던 친구들이 몹시 보고 싶다. 그곳에 5년 동안 살면서 정이 많이 든 곳이다. 소통이 잘 되는 교회 친구들이다. 교우들의 소식을 잘 전달해 주고 있어 고맙다.

한국을 다녀오면서 나는 마음속에 간직할 수 있는 친구가 생겼고, 얼마 남지 않은 시간이지만 노후에 같이 살자고 미국으로 오겠다고 하는 친구도 생겼다. 친구 다발을 안고 있는 부자가 된 기분이다. 돈보다 명예보다도 좋은 친구를 가질 수 있다는 것이 제일 큰 축복이라 믿는다.

이번에는 딸이 인공 임신이 아닌 자연 임신을 했다. 도와주러 산 안토니오(San Antonio) 텍사스에 왔다. 온 지 2주일도 안 되었는데 하와이에 두고 온 친구들이 벌써 보고 싶다. 나를 사랑해 주며 항상 기도해 주는 그들을 어찌 잊을 수 있으랴.

사랑하는 마음 전하고 싶어
친구를 생각하며 빵을 만든다.
달콤한 말 대신 설탕을 넣고
그리움이 삭지 않게 달걀을 넣고
부드러운 손길 대신 기름을 넣어
사랑의 향으로 바닐라 한 방울 뚝 떨어뜨렸다.
그리움이 소북이 부풀은 빵을
사랑하는 친구에게 전하고 싶다.

친구보다 자기 자신만을 생각하고, 자신의 잘못을 반성하지 않을 때 우정에 금이 가기 마련이다. 잘못을 범한 사람을 일일이 미워하거나 계속 증오한다면 얼마나 슬프고 피곤한 일일까? 우정이란 받기보다는 주는 것이다. 물질적인 것이 아니라 이해와 정성과 사랑이라는 형태로 주는 것이고 신뢰로써 이루어지는 것이다. 우리는 누구나 실수를 저지르며 사는 존재다. 광산에서 보석을 찾아내기 위해 애쓰고 노력하듯, 친구 하나를 갖기 위해서는 나의 노력이 필요한 것이다. 좋은 친구를 만나려면 먼저 나 자신부터 좋은 친구가 될 수 있는 조건을 갖추어야 한다. 그러기 위해서는 꽃이 필 때까지 나무를 잘 가꾸듯이 마음을 다스리고 다듬어야 한다고 믿는다. 귀하고 보석 같은 나의 친구들에게 감사하는 마음 그지없다.

친구 다발을 가진 나는 세상에서 제일 부자이다. 성현들 말씀에 사람을 가려 사귀라는 말이 있듯이 친구는 아무나 되는 것이 아니다.

오늘은 팔불출이 되고 싶다

비행기 출발시간 한 시간 전이다.

대합실에서 기다리고 있던 중, 젊은 청년이 내 옆자리에 와서 앉았다. 백 벡(Back bag) 하나와 산뜻한 디자인의 스웨터를 들고 앉더니, 스웨터 밖으로 나온 실밥을 서투르게 잡아매고 있다.

'멋진 스웨터구나!' 하고 내가 말을 건넸다. '오~ 이거 폴란드에서 $10.00 주고 샀어요.'

아들 같은 그를 보고 내가 도와주마 하고 스웨터를 받아 실밥을 스웨터 안으로 넣어 빼라고 가르쳐 주었다. 실밥 두 개는 내가 고쳐주고 하나는 자기가 하겠다며 매우 좋아했다. 우리는 이야기꽃을 피웠다.

나이는 22살, 우리 아들보다 많이 어렸다. 그는 영국 런던에서 하와이로 여행을 왔다가 샌디에고로 가는 중이었다. 여행 다닌 곳 중에 하와이가 가장 아름다운 곳이라 한다. 그의 아버지가 어렸을 당시는 세계 여행을 할 수 없어서 영국 구석구석을 여행하며 많은 것을 배웠다며 아들에게 세계 여행을 권장했다고 한다. 형은 일만 하고 여행을 모르고 산다며 안됐다는 표정을 지었다. 직장 일을 그만 두고 여러 나라를 여행 중이라 했다. 하와이에 와서 자연을 즐기며, 써프(Surf)보드에 젊음을 싣고 파도를 타는 기쁨도 만끽했다며 즐거운 표정이었다. 그는 벌써 유럽은 물론 여러 나라를 탐방하며 많은 것을 배우는 중이라 했다. 가는 곳마다 특색이 있을 터니 사진과 기록을 남겨 놓는 것이 좋지 않겠냐 했더니, 기록은 못하고 사진은 잘 찍고 있다고 했다. 탑승하면서 좋은 여행이 되라고 인사하고 서로 다른 자리에 앉아 하늘 위로 날랐다.

그 청년을 보면서 나도 아들을 만나러 간다는 기쁨에 긴 비행시간이 지루하지 않았다. 처음으로 수필집을 출간하여 한국문인협회 미주지회 문학상 시상식에 가는 중이다. 나는 하와이에서 LA로 가는 중이고, 아들은 엄마의 출판을 축하해 주러 샌프란시스코에서 LA로 내려오고 있는 중이었다. 직장일이 바쁜데도 나를 위해 내려오는 것이다. 그런 아들을 만나는 것이 더없이 기쁜 일이다.

LA는 10여 년 동안 살면서 가장 많은 인생 경험을 한 제2의 고향이기에 이곳을 지날 적마다 옛 생각이 나서 가슴이 뭉클하고 콧등이 시려온다. 남편은 사람이 많이 모이는 곳에 가기 싫어해 오늘도 혼자서 가는 중이다.

아들을 만난다는 설렘은 말로 다 표현할 수 없는 잔잔한 감동으로 가슴에 흐른다. 아들이 문제없이 잘 자라 준 것이 고맙고 감사하여 기쁨의 샘물이 솟아오른다. 항상 가슴에 자리 잡고 있는 아들의 모습이 내 눈을 아롱지게 만든다. 어릴 적 귀여운 모습은 어디로 가고 이제는 어엿한 어른 모습이 기특하면서도 어려워진다.

창밖을 내다보는 내 눈에 흐르는 물기는 무지개로 변하고 있다. 아들을 만난다는 마음 한 구석이 즐겁기만 하다. 말없이 바라만 보아도 든든한 아들을 기쁘게 해줄 생각에 사로잡힌다. 아들이 대학에 다닐 때 재정적으로 지원을 해주지 못한 것이 아직도 마음에 걸려 미안한 것을 아들이 알려는지, 무엇이든 기쁘게 해주고 싶은 어미 심정이다. 아들은 New York University에서 올 장학금(Full Scholarship)을 줄 테니 오라 했지만, 엄마를 생각하고 내 곁에 있기로 하고 UCLA를 갔다. 이제는 어른이 되어 생각하는 것이나 생활하는 것이 우리보다 월등하여 걱정할 것이 없다. 그래도 엄마의 마음은 어린아이를 멀리 떼어 놓은 느낌을 어찌하랴.

"잘 있니?"

"잘 있지요~"

늘 같은 짧은 통화 내용이다. 많은 말이 필요 없다. 요즈음 애들에게 잔소리는 금물이다.

걱정하지 말라는 아들이 든든하고 대견스럽기만 하다

자식 자랑하는 사람을 팔불출이라 한다. 나는 오늘 팔불출이 되어야겠다. 자식 자랑이라기보다 미국에서 태어나 아무 문제없이 잘 성장해 준 것이 고맙고 대견하여 머릿속에 남아 있는 좋은 기억을 더듬어 보는 것이다.

두 살 때 슈퍼맨 영화를 보고는 슈퍼맨 만화책을 들고 다니더니 세 살이 되면서 영어책을 읽기 시작했다. 네 살 때부터 고사리 손으로 건반을 두드리던 꼬마가 지금은 커다란 손으로 기타 치는 멋진 사나이가 되었다. 어려서부터 영재 학생으로 뽑혀 특수 교육을 받아 견학을 많이 다녔다. 나는 보조 교사로 견학 갈 적마다 따라다니며 같이 배우는 학생이었다. 우수한 성적으로 부시 대통령상을 받은 것을 비롯하여 많은 상장을 나는 지금도 잘 보관하고 있다. 고등학교 책가방이 몹시 무거운데 그 속에 성경책을 들고 다니던 아들이 내 마음을 놓이게 했다. 학교에서도 리더십을 발휘하여 인기가 좋았다. 없어졌던 키와니스(Kiwanis) 봉사단체도 재부활 시켜 사회를 위해 봉사활동도 했다. 대학을 다니면서 교회에서 찬양 리더를 열심히 하던 모습도 나는 자랑스러웠다.

누군들 자식이 자랑스럽고 귀하지 않은 사람이 있으랴만 나도 오늘만은 팔불출이 되고 싶다.

아들 생각을 하다 보니 비행기는 벌써 LA에 도착하였다. 아들을 보니 대견하고 기쁘기 한량없다. 잘 자라준 아들이 고맙고 감사할 따름이다.

비상사태를 위한 대비

열대성 허리케인이 21년 만에 하와이를 강타한다는 일기예보가 며칠 동안 TV 화면을 차지하고 있다. 하와이에는 8개 섬이 있다. 그중에 하와이(Hawaii Island)라 부르는 큰 섬(Big Island)을 태풍이 강타하여 피해를 조금 입었다는 뉴스가 계속 나오고 있었다. 내가 사는 섬은 관광지로 유명한 와이키키 비치(Waikiki Beach)가 있는 오하우(Ohau)섬이다. 이 섬에도 허리케인이 온다는 예보였다.

사람들은 비상대책으로 물과 음식을 사느라고 가게마다 긴 줄로 늘어섰다. 물과 음식 그리고 배터리를 가장 많이 준비한다. 남편도 물만 한 케이스 사왔다. 그런데 문제가 생겼다. 한국 식료품에서 물 값을 정상가격보다 더 비싸게 팔았다는 부끄러운 소식이 TV와 라디오 방송을 통해 나왔다. 어이가 없는 노릇이다. 미국에까지 와서 왜 그런 짓을 하는지! 방송이 나간 다음날 불평을 무마하기 위해 가게 오는 손님들한테 무료로 물 한 병씩 주었다는 것이다. 얼마나 창피한 노릇인가! 이곳은 일본, 중국, 필리핀 등 다민족들이 살고 있는 지역이다. 왜 좋지 않은 일에 다른 나라가 아닌 한국이 입에 오르게 되는지 알 수가 없다. 욕심을 조금 줄였더라면 손해도 덜 보았을 것을, 비상사태일 때 도움은 주지 못할망정 어려운 상황을 이용해서 좀 더 이득을 취하겠다는 생각은 인상을 찌푸리게 하는 일이다.

반면에 비상사태가 아닌데도 하와이문인협회에서 큰 행사가 있을 적마다 음료수를 제공해 주시는 분이 있다. 회원도 아니면서 글 쓰시는 90세 어머님을 위해서 늘 베푸는 아들의 선물이었다. 얼마나 아름답고 감사한 일인가! 사실 이 세상에는 마음이 선하고 착한 사람이 더 많다고 믿는다.

예상했던 허리케인은 활처럼 휘어 섬 왼쪽으로 살짝 비켜갔다. 가랑비를 뿌리면서 구름을 몰고 가는 시원한 바람이 더위를 식혀 주는 주말이었다. 비상시를 대비해 직장과 학교들도 다 휴일로 정해 길은 한가했다. 기록에 보면 이 섬은 태풍이나 허리케인으로 별로 피해를 보는 지역이 아니었다.

천재지변(天災地變)은 사람의 힘으로 막을 수 없는 폭풍, 홍수, 해일, 지진, 산사태 등 자연 현상이다. 이로 인해 생기는 인명피해, 재산손실 및 시설물의 피해를 가져오는 재난이다. 미국은 비상사태를 위해 가정에서도 항상 비상품을 준비해 놓으라고 경고를 한다.

미국 연방재난관리청(FEMA)은 28개 연방정부기관과 적십자 등 민간기구까지 총괄하는 재난과 재해를 담당하는 독립기관이다. 모든 사고 수습 가이드와 지원체계 구성을 마련해 통합 재난관리를 돕고 있다. 대형 재난 발생 시 연방정부가 신속하게 지원을 제공할 수 있도록

한 스태포드법(stafford act)에 따라 정부가 심리적·정신적 충격을 입은 피해자들을 상대로 개별적으로 트라우마를 관리하고 치료해 주는 프로그램도 있다. 이 프로그램은 연방재난관리청이 지원하고 약물남용 정신건강 서비스국이 주관하고 있다. 피해를 입었을 것으로 추정되는 사람들을 집집마다 찾아다니며 정신·행동 건강에 문제가 없는지를 점검하면서 '필요한 게 없느냐', '집을 다시 지을 필요가 없느냐', '연방정부로부터 실업수당 등의 도움을 받고 있느냐' 등을 자상하게 묻고 필요한 도움을 제공하고 있다. 미국에 살면서 이 정도에 프로그램은 우리가 알고 있어야 비상시 대처할 수 있다고 본다.

미국은 안전제일 주의 나라이다. 더불어 안전을 실천하기 위해서는 세월호 같은 일이 일어나지 않도록 개개인이 안전을 위한 마음과 훈련이 필요하고, 안전을 관리하고 책임지는 관리자의 역할이 중요하다. 안전을 위한 책임자의 반복적인 훈련과 대처능력을 강화하여 어떤 비상시에도 안전 불감증에서 벗어나는 아름다운나라가 되기를 소원하는 바이다.

9퍼센트의 삶

구십이 넘은 엄마가 보고 싶어 하와이에 왔다. 얼마 전까지만 해도 내가 기대고 의지하고 싶었던 엄마였는데, 올 때마다 달라지는 행동과 얼굴을 보면서 삶의 무상함을 느끼게 해준다. 요즈음 하와이에 와도 내가 할 수 있는 일이 차츰차츰 줄어든다. 엄마와 나의 행동반경이 좁아지기 때문이다. 늘 엄마 옆에서 친구처럼 도와주신 고마운 분들과 식사를 하는 것 외에는 별로 하는 일이 없어진다. 전에는 동이 트는 와이키키 해변도 걸었고, 야자수 밑에 앉아 정성껏 가지고 온 색색가지의 음식을 모래 위에 펼쳐 놓고 최고의 만찬을 즐기며 큰소리로 노래를 함께 부르기도 했다. 때로는 넓은 쇼핑센터를 휘저으면서 희희낙락 마냥 즐겁게 다녔는데, 지금은 시장에서 무거운 쌀이나 가루비누를 사오는 것 이외에는 많은 것을 같이 할 수가 없다.

어머니와 함께 집에 있는 시간이 많다. 나는 책을 읽고 엄마는 글을 쓰는 데 시간을 보낸다. 다행히도 아직 정신을 놓지 않고 글을 쓰겠다는 의지력 강한 엄마의 모습이다. 조용한 방으로 들어가 보면 손에 만년필을 쥐고 숨소리 높이며 낮잠을 주무시고 계시기도 하다. 별을 좋아하고, 비를 좋아하고, 눈을 좋아하고, 꽃을 좋아하는 감정이 풍부한 엄마다. 이젠 삶의 무거운 멍에를 내려놓은 지 오래다. 몸은 쇠약해지고 비 맞고 떨어진 가랑잎처럼 생명의 불꽃이 시들어 가는 모습이 안타까워 볼수록 눈물이 난다.

한국의 연령별 인구 통계를 본 적이 있다.

현재 당신이 75세라면 80세까지 생존할 확률은 56%

85세까지 생존할 확률은 28%,

90세까지 생존할 확률은 9%라는 조사 보고서다.

즉 90세가 되면 100명 중에서 91명은 저 세상으로 가고 9명만 생존한다는 계산이다. 9% 내에 든 엄마는 혼자 사시면서 글을 쓰고, 잔병도 없어, 너무 감사할 뿐이다.

어머니와 헤어지기 전날 동생 부부와 함께 오아우섬을 한 바퀴 돌았다. 돛단배들이 많이 보이는 바닷가 작은 식당에서 아침 겸 점심을 먹고 모래밭에 앉아 동생이 타는 서핑(Surfing)을 구경했다. 동생에 대한 엄마의 사랑은 각별했다. 자식 사랑은 다 같다고 하지만, 우리 엄마에게 그 말은 통용되지 않는다. 동생에 대한 사랑은 사랑을 넘어 집념으로 굳어져 있다. 차만 타면 피곤한 눈을 감고 금방 잠이 드는 엄마지만 동생의 차를 타면 행동 하나하나, 말소리 하나 놓치고 싶지 않아서 야단이다. 침침한 눈은 광채가 나고 얼굴에는 희색이 돈다. 그런 아들이 옆에 있고, 먼 곳에서 딸까지 왔으니 엄마는 소풍 가는 어린애 같이 마냥 즐겁고 기쁘기만 하다. 하늘도 푸르고 햇살도 눈부셔 출렁이는 파도 위를 나는 갈매기도 그림 같다. 그곳에 자식들과 함께 있는 엄마의 마음은 구름 위로 나는 풍선같이 하늘을 오르는 것 같다. 자식이 무엇이기에 목마른 화초처럼 기다리는가. 시들었던 화초가 물을 마시고 생기를 찾고 꽃까지 피우듯이 우리들을 보는 것으로 자양분을 느끼는 어머니가 애처롭기 그지없다.

인간은 누구나 한 번 가는 것이 자연의 섭리다. 지는 해를 어이 막을 수 있으랴. 보기에도 황혼 빛으로 기우는 엄마의 내리막 인생은 너무 슬퍼 보인다. 볼수록 코끝이 시큰거리고 가슴이 메어온다. 개울물 흐르듯 졸졸 흘러간 세월. 창문 사이로 들어온 오후의 햇살이 엄마의 하얀 머리 위에 내려앉는다. 내일을 설계할 수 없는 빈 마음의 삶. 한숨과 그리움만 있는 오늘이다. 욕심이 있어야 욕망도 생길 텐데 목적 없는 기다림만 있을 뿐이다. 오늘은 자식이 찾아올까? 어느 친구가 문을 두드리고 들어올까? 아냐, 비가 와서 못 오겠지, 바람이 불어서 못 오겠지! 방안에 놓인 인형하고 미소 지으며 화초하고 대화하고 글을 벗 삼아 지내는 엄마.

엄마, 찾아오는 사람 없어도, 너무 슬퍼하지 마. 친구들이 찾아오면, 물론 기쁨도 있고 따뜻한 위로도 되지만 헤어질 때는 섭섭하고 또 외로워지잖아. 사람을 통하여 얻는 행복은 사람을 통해 슬퍼지기 때문이야. 볼 수 있고 들을 수가 있는 많은 친구가 엄마 곁에 있잖아. 뒷창문 열면 전나무도 변함없이 엄마를 반기고 앞마당에는 엄마의 손길을 기다리는 플루메리아 꽃도 있고, 방에는 입을 벌리고 먹이를 달라고 눈을 떼지 않는 금붕어도 있고, 아침이면 베란다 앞 오캣꽃을 찾아오는 나비도 있잖아. 엄마에게 그런 하루가 있다는 것이 얼마나 행복해!

아직 밖은 깜깜하다. 지친 가로등만 희미하게 거리를 서성거린다. 새벽 비행기를 타야 하기에 일찍 서둘러 나왔다. 엄마는 등 뒤에서 울고 있었다. 자동차 뒷거울에 희미하게 보이는 엄마의 몸체가 점점 작아진다. 울음소리는 점점 크게 들린다. 나는 지금 9%의 삶을 뒤에 두고 떠나는 중이다.

위로의 말 대신 나도 울며 혼자 중얼거렸다. 외로워도 참아. 그래도 엄마는 남들이 그리도 살고 싶어 하는 9%의 삶을 지금 즐기잖아.

또 올게…….

돈으로 살 수 없는 것들

뉴스 제목부터가 이해하기 힘들었다. 땅콩회항사건? 신문과 텔레비전에서 K항공사가 큰 뉴스로 등장하고 있다. 일등석을 타고 있던 경영인 2세인 대한항공 부사장이 기내 서비스의 불만을 이유로 뉴욕에서 서울로 이륙 직전 항공기를 돌려 사무장을 내리게 한 것이 원인이었다. 미국에서는 들어보지도 설명할 수도 없는 일이다. 대한민국 헌법 제11조 1항이 "모든 국민은 법 앞에 평등하다." 그리고 2항에서는 "사회적 특수계급의 제도는 인정되지 아니하며, 어떠한 형태로도 이를 창설할 수 없다."라고 되어 있다.

국민여론이 들끓자 국토해양부가 현행 항공법 등을 위반했는지 정식 조사에 나섰다는 내용이었다. 우월적 지위와 세습적 신분으로 재벌 경영인이 취한 행동이 국민의 분노를 샀다. 조사과정에서 공무상 비밀누설로 국토부조사관이 구속되었다. 국토부 소속 공무원들은 대한항공으로부터 좌석 등급의 혜택을 받아왔다고 한다. 경영자들이 잘못을 인정하고 사과를 해야 할 때 제대로 하지 못해서 문제를 아주 크게 만드는 경우가 바로 이번 사건인 것 같다. 재벌 일가들이 취해왔던 시대에 뒤떨어진 경영문제로 발생한 사태. 그것을 조사하는 정부를 못 믿는다는 여론을 듣고 보니 잠시 동안의 한국 방문이 씁쓸하기 그지없었다.

대한항공을 세운 경영인 1세 조중훈 회장은 직물점을 경영하던 아버지의 부도 때문에 휘문고를 중퇴하고 트럭을 몰면서 소중한 땀방울을 흘려 해운, 항공, 고속버스 그리고 주한 미팔군 정부계약을 맺고 성장시켰다고 한다. 맨손 하나로 대기업 그룹을 만든 그가 크리스마스이브에 장손녀의 구속영장을 상상이라도 할 수가 있었을까?

땅덩이는 작지만 우리나라는 놀라운 국력 신장을 이루며 최고 선진국으로 발전하는 대단한 나라다. 지난해 세계발전지수(World Development Indicators) 자료를 보면 대한민국은 국내 총생산 및 경제 성장률이 세계 14위라고 한다. 그러나 우리의 국민의식은 어떤가? 선진국에 걸맞지 않게 높은 부정부패가 만연해 있다는 비판이 있다. 더욱 심각한 문제는 부패가 국내에서 그치는 것이 아니라 세계로 수출된다는 오명을 쓰고 있다. 한국보다 부패 점수가 높은 나라는 인도, 필리핀, 베트남 그리고 캄보디아다. 특히 한국정부는 기업 부패에 대한 "솜방망이" 처벌이라는 불명예를 기록하고 있다. 군사력은 세계 9위, 스포츠는 10위권에 들고, 교육열은 세계 4위인 대한민국. 공부만 많이 했다고 매너와 교양이 겸비되는 것은 아니다. 독일처럼 학교에서만 교육받는 것이 아니라 실제 현장에서의 직업교육도 포함되어야 한다고 생각한다.

평등 사회에서도 엄연한 '금전주의'는 있다. 우리는 알게 모르게 평등 속에도 등급을 인정하며 살고 있다. 극장이나 공연장만 해도 표 값에 따라 좌석이 다르다. 선박이나 비행기 표도 그중 하나다. 비싼 비용을 낸 만큼 그에 합당한 서비스를 받아야 하는 것은 누구나 인정하는 것이다. 그렇지만 돈으로 살 수 없는 것이 있다. 그것은 사람의 품위와 인격이라 생각한다. 책 겉장이 화려하고 멋있어 보여도 그 속에 알맹이가 없으면 책이 아니고 하나의 종잇조각이다. 항공사 경영자의 딸이라도 비행기 탑승 후에는 한 명의 승객이다. 일등석은 돈만 있으면 누구나 탈 수 있지만, 품위와 인격을 갖춘 일등 승객은 아무나 되는 것은 아니다. 신중히 앞뒤를 보며 행동하는 사람. 잘못을 시인하고 책임을 질 수 있는 사람. 물론 스스로 책임을 진다는 것은 자기 잘못을 직면해야 하므로 결코 쉬운 일이 아니지만 용기가 있어야 한다. 사람에게서 향기와 빛이 나는 사람. 내면의 빛을 지닐 때 그 사람의 품위와 인격이 나타나는 것이 아닐까 생각한다.

얼마 전에 공동 설문조사서에 미국에 사는 한국인들 67%가 이민 생활 만족한다고 한국일보에 기재된 적이 있었다. 이민사회에 고군분투하지만 나름대로 만족하면서 이민의 삶을 이어가고 있다. 미국과 한국 둘 중 하나를 선택하라고 하면 미국에서 살겠다는 사람이 73.6%로 압도적으로 많다. 말이 잘 안 통하고 풍습이 달라도 미국에서 여생을 보내는 것이 낫다는 판단을 내린 것이다. 왜 그럴까? 한번 짚고 넘어갈 문제라고 생각해 본다.

공정한 사회. 잘못을 하면, 인정하고 시정하면 용서될 수 있는 사회. 권력 앞에서도 겉마음과 속마음이 같은 사회. 성공한 사람에게서 공통적으로 찾아볼 수 있는 작은 배려의 습관이 몸에서 풍기는 경영인으로 구성된 사회. 교만한 마음은 사람을 떠나게 하고 낮아지는 마음은 사람을 감동케 하는 품위와 인격을 갖춘 일등 국민으로 구성된 사회. 언제 한국은 그런 사회가 될까?

그 겨울 새벽시장

벌떡 일어나 앉았다. 어리둥절했다. 잠시 내가 어디 있는지 몰라 눈을 비비고 정신을 차려본다. 빗줄기가 제법 세차게 창문을 두들겼다. 포근한 이불의 감촉을 느끼며 내려앉는 눈꺼풀 사이로 낯익은 가구가 들어왔다. 아직 한국과 미국 시간 차이에 적응이 안 됐지만, 여행에서 돌아왔다고 생각하며 눈을 다시 감아본다. 바람소리가 들린다. 나무 사이를 비집고 일어나는 바람은 활기찬 새벽 남대문시장 소리같이 들렸다.

이번 서울을 방문했을 때, 시장 구경을 갔다. 묵고 있던 호텔이 소공동에 있어, 혼자 걸어서 남대문 새벽시장을 갈 수 있었다. 어둑어둑한 가로등을 따라 지하도를 건너 대낮같이 밝게 불빛이 켜진 시장에 들어섰다. 정겨운 사람 냄새와 물건으로 가득한 골목. 이곳저곳 기웃거리며 활기찬 사람의 발자국을 따라 그들의 뒤를 밟았다. 그 많은 세월이 지났는데 사람들의 모습은 변함이 없다. 옷장수 아저씨가 '단돈 만 원이요.' 소리를 지른다. 차가운 새벽 공기를 뚫고 들리는 소리, 까맣게 잊어버렸던 목소리에 정겨움이 와락 다가왔다. 세월과 함께 모든 것이 변했지만, 남대문시장은 옛날과 다름없다. 그래서 고향인가? 정겹고 훈훈한 말소리가 잊어가는 가슴을 헤치고 속속히 채워졌다. 옛날 그 옛날, 지금은 저 먼 별나라에 있는 내 여동생과 함께 겨울 새벽시장에서 먹던 장터 국수집은 어디 있을까? 여기저기 찾아보니 먹자골목이 눈에 보였다. 김이 모락모락 나는 가락국수 국물에 목을 축이고 싶어졌다. 그 겨울 추워서 벌벌 떨며 '맛있지?' 하고 나누어 먹던 동생의 얼굴이 떠올라 뜨거운 마음을 삼키며 발길을 돌렸다.

젊은 시절이었다. 무엇 때문에 우리는 남대문 새벽시장을 다녔는지 모른다. 때때로 토요일 새벽이면 아파트 현관 앞에 나와 기다리던 동생을 태우고 난 남대문시장으로 향했다. 힐튼호텔 주차장에 차를 세우고 킥킥거리며 장사꾼 흉내를 내면서 이 골목 저 골목을 누비고 다녔다. 큼직한 보따리에 구입한 옷을 잔뜩 들고 옆방에서 잠자는 남편이 깰까 봐 숨을 죽여 가며 서로 나누어 옷을 입어 보며 웃었다. 그때는 그 일이 왜 그리 신났고 즐거웠던지? 살맛나는 세상이었다. 값싼 옷을 입고도 예쁘고, 멋있었던 젊은 시절은 이젠 다 그립고 가슴이 메어지는 옛날의 이야기다.

6백 년의 전통을 가진 남대문시장은 오늘도 그 자리에 있다. 어렸을 때 어머니 손을 잡고 가보던 희한한 물건이 가득한 도깨비시장, 단속반에 걸리지 않기 위해 감춰둔 미군 부대에서 흘러나온 초콜릿을 꺼내주던 양키시장, 어머니가 고향이 그리우면 즐겨 찾던 이북 실향민들의 아바이시장. 이름은 각기 다르게 불렀지만, 거기에는 삶의 애환과 뿌리가 이어져 내려온 곳. 그곳 또한, 나 혼자만의 추억이 있는 곳이 아니라, 민족의 혼과 얼이 함께 담겨있는 전통의 광장이다. 인간의 행복이 더불어 사는 것이라면 남대문시장이야말로 순박하고 훈훈한 인간미가 샘솟는 곳이 아닐까?

빽빽이 들어선 고층 빌딩 속에서 점점 이방인처럼 느껴지던 서울의 풍경. 차가운 겨울바람에 주춤거리던 나는 즐거운 남대문시장 나들이에서 내가 사랑해야 할 삶의 의미를 가득 부여안았다. 이국에서 낯설게 보낸 세월이 그들과의 푸근한 훙정과 대화에서 따뜻한 나눔으로 이어졌다. 옛날 버릇대로 '깎아주세요, 너무 비싼데요.', '남는 게 없는데…. 그렇지만 인상이 좋아 깎아줍니다.' 거짓말인 줄 알지만 마주 보고 웃는다. 후덕한 미소를 나누던 그들의 모습에서 편안하고 자유로운 여유가 있어 보였다.

내가 찾은 남대문 새벽시장은 나의 사랑과 추억이 있어 늘 향수를 느끼게 하는 곳. 잊어버렸던 아주 작은 행복을 되돌려 받을 수 있었던 곳. 행복이란 쉽고도, 단순한 것이라는 것을 다시 느끼게 해주었던 삶의 현장이다. 푸근한 인정을 느낀 것은 오랜만의 일이다. 아무것도 아닌 것 같은데 정겹게 보이는 그들의 행복은 과연 무엇일까? 제법 무거워지는 봉지마다 따뜻한 인정과 미소를 함께 담아 아침햇살을 받으며 활기찬 시장 거리를 나왔다.

들리는 것은 시계 소리뿐 집안은 조용하다. 빗소리도 그치고 바람도 잔잔하다. 남대문시장의 불빛이 사라지고 활기찬 목소리는 들리지 않아도 조용한 내 주위에 밝은 빛으로 환이 넘치고 있다. 남대문의 축제 같았던 생동감 있는 정겨운 소리가 별똥같이 나의 온 방에 펴진다.

■ 시우미 편

내게 있어 문학이란

나에게 문학은 제2 인생을 사는 구원이다. 어려서는 시인을 꿈꾸었으나, 어쩌다 군인가족이 되어 젊은 나날 전후방을 전전하며 머뭇거리고 서성거리다, 아까운 날들을 떠내려 보냈다. 몇 편의 글을 내고 몇 가지 상을 타기도 했지만, 지난 삶을 되돌아보니 쓰는 일을 통한 자아 확장과 사랑을 노래하는 아름다운 글을 쓸 수 있었음이, 내 삶에 큰 성취고 소득이라 생각된다. 유수와 같은 세월 속에서, 젊은 날엔 나를 위한 여유로운 시간을 가질 수 없었다. 군인의 아내로, 두 아들의 엄마로, 열정적으로 살아가는 전업주부가 되어, 의식주 책임자로서 뿌듯한 보람을 느끼는 삶이었다. 우리 가정은 누구보다도 다복했었다. 좋은 남편에 아이들은 나무랄 데가 없어서, 나는 속 썩을 일이 없었다. 언제나 어디서나 부러움의 대상이었다. 그야말로 누가 봐도 나는 복을 타고난 인생이었다. 지나칠 만큼 남편 사랑받고 잘살았으며 평안하였던 삶은, 어느 날 갑자기 남편이 군 예편하게 된 후 빚보증의 함정에 빠져, 날벼락 같은 불행이 덮쳐왔다. 가진 것 모두 잃고 풍요로웠던 삶에서의 호된 추락과, 사방이 완전히 막혀 버린 것 같은 시련의 길이 이어지고 있었다.

나는 내 인생 후반기에 닥친 갑작스런 삶의 변화에 괴로워하며, 어린 시절부터 좋아했던 글을 쓰기 시작했다. 내가 나를 벼랑 끝에서 지켜내는 작업이었다. 늦은 저물녘 감당하기 힘든 고통과 고난 중에 글 쓰는 일이, 맺힌 한을 글로 토해내며 고통을 승화시키는 카타르시스가 되었기 때문에, 나는 지금까지 건재할 수 있었다고 본다. 내 삶을 추스르게 하는 의지로 글을 쓰며 희망의 꿈 날개 펼 수 있었음이, 수필계의 거목이신 이상보 박사님과 김병권 부이사장님, 문학평론가이신 박진환 문학박사님께서 문학의 길을 열어 주셨기 때문이다. 어려운 역경도 쉽게 넘기게 하는 문인의 꿈을 이루게 하여 주신, 하늘같은 은혜에 늘 감사함을 담고 있는 마음이다. 나는 글 쓰는 작업이 싫지 않고, 진작 시작하지 않은 것이 후회되고, 그동안 다른 곳에 쏟았던 열과 시간이 아깝기만한 것을 보면, 지금이라도 글을 쓸 수 있는 나의 자리가 문득 소중해진다.

이제 되돌아보면, 나 '시우미'라는 생명체를 위하여, 하나님께서 내게 주신 고통과 고난이 나에게 필요했음을 느낀다. 이를 통하여 내가 많이 작아졌기 때문이다. 또한 내가 수필가가 되고 시인이 되어 글을 쓰게 되었기 때문이다. 어쩌면 가장 불행했던 시간이, 이렇게 제2의 천직인 문학을 짊어진 가장 아름다운 추억으로 돌아온 이 현실은, 하나님이 나에게 주신 특별한 선물이 아닐까 한다. 이제 내 인생 노을이 물들어 가는 시간, 일상의 틈새로 비집고 호시탐탐 가격해 들어오는 정체불명의 허무에 대항하며, 쓰고 또 쓰고 싶어서 쓴다는 것은, 시간과 짝을 지어 떠내려가는 것들을, 속절없이 사라져 가는 기억의 편린들을, 건져 올리는 치열한 작업이기도 하다. 또한 음습하고 눅눅하게 시들어 가는 영혼을, 몸 밖으로 불러내어, 위무하고 소통시키는 일이기도 하다. 스러짐에 대한 저항, 존재의 마지막 안간힘 같은 것, 삶이 던지는 수많은 물음표를, 심안에 비추어 바라보는 여유 속에 글을 쓰며, 고난은 생명이라는 명분으로 이 땅에 던져진 존재들의 책무임을 깨우칠 수 있었다. 낭떠러지 절벽에도 꽃 하나 피울 열린 틈 있느니, 나는 고난의 삶을 헤쳐 나가며 내 삶을 추스르게 하는 글을 쓴다. 꽃 진 자리마다 열매를 맺는 나무보다 못한 인간의 삶, 이제 칠십 고개 넘으니 글 쓰는 일이 쓸쓸함을 위로받는 길이기도 하다. 불시착한 자리에 꿈을 파묻고, 뒤늦게 문학의 뜨락에 둥지를 튼 꿈새는, 풀꽃 사이에서 눈 너머 눈을 가지고 말을 앉힌다. 글 쓰는 일은 절실하고도 필수적인 내 표현 욕구의 충족을 위한 문화적 행위임을 자각하며, '시'라는 영혼의 깊은 늪에 빠져 들어간다.

존재의 마지막 안간힘 같은 나의 시혼이 덧없이 스러지고 소멸되는 게 허망해서일까, 어찌 하거나 못다 이룬 꿈에 대한 허탈감으로, 내 안에 나를 뒤집어 햇살 아래 펼쳐 놓는다. 목숨의 가장 아름다운 진수를 뽑아 내 안이 바깥을 낳는 기묘한 분만, 시에 미쳐서 시 쓰는 일로 산고의 고통을 겪지만, 여전 적절한 어휘로 표현 못한 미비한 시어라는 아쉬움이 따른다. 여전히 잘 쓴 시가 아니라는 씁쓸한 마음이다. 아직 미약하기에 힘차게 큰길을 나가지 못한 채, 골목길에서 소요의 노래를 낮은 음성으로 읊조린다. 아주 보잘 것 없는 문학인으로서 나의 문학의 삶은, 오랫동안 골목길을 헤매고 있다.

그러나 이 길은, 온갖 꽃이 피어나는 향기 짙은 여정이다. 나의 글들은, 영혼의 구근인 신앙을 토대로 생의 희로애락의 텃밭에서, 삶의 향기를 마음으로 빚어낸다. 거부할 수 없는 시간의 흐름 속에, 삶의 진솔한 향기 가득한 황혼녘의 시심은 노을빛 꿈 하늘에서 잉태되어 출산된 글들의 미흡한 오점들로 많은 날들을 채우고 나서야, 비로소 새로운 도약대에 한 계단 더 올라와 있음을 깨닫게 된다. 이젠 나에게 있어서의 문학이란, 날마다 새로운 삶을 체험하게 하는, 적어도 나의 존재적 가치의 실체로서, 동행할 수밖에 없는 일상인 것이다.

앞으로 더욱 시에 미쳐서 개성적인 관찰력과 다양한 감수성으로, 예술성이 있는 서정적인 시를 쓰고 싶다. 시 쓰는 기술을 연마하고 수련하여, 세련되고 특수한 기법으로, 좋은 시를 썼으면 한다. 천국을 향한 하늘 계단 문턱에서 후회 없는 삶의 가치를 한껏 느끼기 위해, 계속 글을 쓰며 문인의 삶을 살아가리라. 앞으로 시법을 깨우치고 더욱 날 선 직관, 말랑말랑한 감성으로, 시상을 펴 올려 시다운 시를 쓸 수 있는 노시인의 여생이 되었으면 한다. 제각각의 언어로 발성하는 새들보다 더 다양한 운지법으로, 세상을 클릭하며 인간의 생과 사와 팔경의 자연산수를, 아름답게 노래할 수 있었으면 한다.

붉은 저녁노을이 아름답듯이, 나는 삶의 마지막 부분을 아름답게 살기를 원한다. 어떤 제국에도 복속되지 않은 자유로운 영혼, 나는 쉬지 않고 흘러가는 사계의 흐름 따라, 거리 모퉁이 외진 곳에서 은밀히 열리는 꽃송이로, 아름다운 문학의 뜨락을 꽃 피우리라. 주어진 하루하루 저녁노을을 보며, 남은 삶을 추스르는 의지로 좁은 오솔길 조심스럽게 걸어가리라. 다시 피는 들꽃으로 생명의 내홍을 환희로 치환하는 여인의 남은 자존심, 세상을 향하여 나 죽지 않았다고 내 사색의 향기 날리며, 과거와 현재와 미래를 한꺼번에 글로 사는 나는, 다시 태어나도 문인이고 싶다. 시인이고 싶다.

무궁화

무궁화는 나에게 나라를 생각하게 하며 애국심을 키워가는 꽃이다. 때로는 지나간 비운의 꽃으로 스쳐가지만, 지금은 소망의 꽃으로 우리 집 창밖에 서 있다. 봄에 잎이 나오더니 곧이어 꽃이 피기 시작하여 해마다 칠팔월의 무더운 여름날 찬란한 햇살을 받으며 피어있는 우리 국화 무궁화 꽃은, 애처롭게 피고 지며 위국헌상의 대를 이어왔다. 그렇게 살아온 세월만큼, 침묵으로 말할 줄 아는 존재의 위용 앞에, 나는 잠시 말을 잊는다. 일제 때 고행했다는 그 까닭으로 연유하여, 슬픔을 간직하고 있는 무궁화를 대하게 될 때마다, 고결한 애국지사들의 발자취를 더듬어 보게 된다. 그러노라면 일제의 폭압 속에서도 무궁화를 사랑한 애국지사 남궁억 선생의 모습이, 한층 더 우러러보인다. 꽃에는 꽃말이 있고 또 여러 가지 전설이 있다. 우리 국화 무궁화 꽃은, 나라 잃은 국운으로 만고풍상을 견디며, 우리 백의민족의 한 서린 역사의 무늬가 박혀있는 꽃 중의 꽃이다. 무궁화는 화려하거나 요염하지 않고 짙은 향기도 없는, 그러나 순결한 영혼을 연상케 하는 꽃이다. 청초하면서 단아한 느낌이 고고하며 강하게 느껴진다. 가을에 잎이 지고 겨울에 쉬는 끈기와 지구력으로, 영원한 생명력을 보여주는 꽃이다. 어떤 환경에서도 굽힘이 없이 살아 버티는 의지를 지니고 있음을 엿볼 수 있다. 무궁화는 온갖 꽃 중에서 꽃 피는 시절이 백일도 넘어 가장 길지만, 살펴보면 송이마다 아침에 피었다가 저녁에 아무도 모르게 지는 하루 꽃송이다. '피고 지고 또 피어 무궁화라네'라는 노래 가사 그대로, 하루를 영화로 살다가 떠날 때는, 귀하게 내일 아침 피어날 뒤를 이을 후계송을 믿고, 제 몸을 또르르 말아 단정히 접어 떨어진다. 다른 꽃에서 볼 수 없는, 아마도 우리네 한국인의 정절한 어머니의 떠나시는 모습인 것이다. 전시엔 우리 한민족 여인들은, 모든 수난 속에서도 몸과 마음을 가족과 나라 위해 다 바치며, 기꺼이 희생하셨던 성숙한 애국자이셨음을, 우리 후손들은 자랑스럽게 생각한다. 나라를 일제에 빼앗긴 때는, 자수로 무궁화를 지켜낸 슬기는, 한민족 여인의 위대한 애국심이리라. 우리 선조들은 나라를 찾아 대한민국을 세울 때는, 신분과 계급장을 무궁화로 정하였다. 무궁화는 근대 이후부터 민족의 꽃으로 선택된 것이 아니라, 환단고기(桓檀古記)의 기록에서처럼, 단군왕검께서 이 나라를 세울 때, 겨레의 영원한 표상으로 점지하신 꽃이며, 오랜 역사를 두고 우리 민족의 구심점의 위치에서, 우리 민족과 함께 끊임없이 피워온 꽃이다. 정부 규정상 무궁화가 나라꽃이 된 것은 1949년이지만, 실제로 무궁화가 우리 민족의 마음속에 나라를 대표하고 상징하는 꽃이 된 것은, 이미 수천 년 전의 일이라고 한다. 무궁화를 국화로 삼은 뜻은, 한민족이 계승한 효를 상징하는 것이라고 한다. 지구촌에 무궁화는 수십 종이나, 정통 무궁화는 오직 하나뿐인 우리의 국화 무궁화라고 한다. 백색 오엽의 홍심에, 황신의 삼색 겸비한 꽃 중의 꽃이다. 일찍이 중국은 한반도를 근화지향 동방예의지국이라 칭한 대로, 최상의 깊은 뜻은 백색은 백의민족의 상을, 오엽은 오곡백과의 오곡을 뜻함이요, 홍심은 일편단심 충효를, 황신은 존귀와 영광을 상징함이라고 한다. 그 뜻 모아 위국헌신상을 무궁화로 구심한 것은 호국의 얼이라. 아무쪼록 그 뜻 이어 영원히 동방예의지국으로, 우린 하늘의 질서에 순응하고, 지구촌 모든 나라들과 자유로이 교류하며, 평화를 사랑하는 성숙한 민족이 되어야 하리라. 우리 백의민족은 1910년 8월29일은 경술국치로 나라를 잃었고, 1945년 8월 15일은 광복투쟁으로 나라를 되찾았다. 이러한 역사는 지울 수 없는 우리나라의 과거이다. 우리 국민은 일제의 만행을 영원히 잊어서는 안 된다. 왜냐하면 잘못된 역사는 후세에 반복되어서는 안 되기 때문이다. 우리 민족이 일제치하의 치욕적인 식민지 생활 속에서 벗어날 수 있었던 건, 나라를 사랑하는 여러 선구자들이, 나라를 찾기 위해 목숨을 걸고 지조를 지켰기 때문이다. 우리의 선조들은 그 숱한 역경을 치르고도 의지를 굽히지 않았다. 가혹한 시련에 도전하고 거듭 도전하여 빼앗긴 나라를 되찾았다. 우리나라 꽃 무궁화 역시 우리나라 국화가 된 운명으로, 일제강점기 때 무궁화는 일제로부터 탄압의 대상이 되어 모조리 불태워졌다. 우리나라 애국지사들이 구국정신의 표상으로 무궁화를 내세우자, 일제는 눈에 띄는 대로 우리 땅에 퍼져있는 무궁화를 뽑아서 제거하기도 하였다. 1933년 남궁억 선생이 강원도 홍천 보리울 학교에 무궁화 묘목 8만여 그루를 키우며, 일본 국화 사쿠라(벚꽃)는 시들지만, 무궁화는 면면이 계속 피는 꽃이라 비교하여, 일제는 보리울 학교를 강제 폐쇄하고, 무궁화 묘목을 전량 소각하는 만행을 저질렀다고 한다. 찬서리 칼바람을 맨몸으로 이겨낸 나뭇가지가 무얼 그리 잘못했기로, 선채로 그렇게 화형을 당했는가. 무릎 꺾고 조아리지 않아서인가. 엎드려 길 줄 몰라서인가. 아니다. 만행무도한 일제에 나라를 빼앗겼던 비운으로 우리나라 꽃 무궁화나무도, 우리 민족과 함께 모진 고난을 겪었다. 그리하여 우리 무궁화는 처참한 역사의 아픔을 안고 있다. 타버린 것들만이 다시 맨몸으로 설 수 있음을 알기에, 주어진 목숨껏 오로지 평화로운 나라를 꿈꾸는 애국의 숨결로, 일제의 화염에 소리 없이 울며 태워졌으리라. 누구의 정신을 배운 조용한 희생일까, 눈에 보이는 모습을 한정된 시간에 불태워 가도, 화염의 통증을 참아내며 땅 속 깊은 곳에서는, 우리 국화의 그 뿌리와 우리 민족의 끈질긴 애국심은 끝내 살아 있었다. 무덤 같은 세월, 일제 무지에 짓밟혀도 그러나 나라를 사랑하는 목숨의 뿌리, 끈질긴 생명력으로 버거운 수난에도 버티었다. 애국애족의 흙냄새 가득한 기도로, 청정한 우리 민족과 무궁화에겐 결코 절망은 없었다. 묵언의 기품으로 지나간 시간, 기억의 편린들을 슬픈 회상으로 길어 올리는지, 오늘 아침엔 무궁화나무가 가만히 잔가지를 흔든다. 한 맺힌 역사의 흔적을 쓸어안고, 조국의 혼을 담고 있는 무궁화는, 독립운동을 하며 떠나간 애국지사들의 잊혀진 눈물로 피어나는 평화의 꽃이다. 어쩌다 오늘날 존재만큼의 사랑을 못 받는 무궁화의 서글픈 상념, 이 나라 백성의 가슴 속에 자성의 메아리로 파고들어야 한다. 내 나이 사람들은, 지난날 반공 방일에 대한 절대적이고 철저했던 교육이 몸에 밴 애국심의 발로에서일까?

나는 해마다 봄철엔 화가 치민다. 때맞춰 벚꽃 축제는 열리면서, 왜 무궁화 축제는 없는지, 우리의 후손들이 묻는다면 무엇이라고 대답하겠는가? 우리의 선조들은 가난과 국난에 처해도 분골쇄신으로 끝내 조국을 지켜냈다. 사람은 시간을 타고 가서 아니 오지만, 역사는 남아서 다시 올 사람을 기다린다. 그리하여 세상은 다음에 오는 사람들의 것이다. 우리가 그랬듯이 우리 후손들이 선조들의 애국애족 정신을 본받아, 우리나라 꽃 무궁화를 사랑하며 애국애족으로 우리나라를 지켜야 하리라. 세계와 더불어 평화롭게 살아가는 대한민국을 만들어 글로벌 리더로서 그 역할을 다해야 할 것이다.

"무궁화 삼천리 화려강산" 애국가 후렴에 의문을 갖지 않도록, 오늘날에도 땀 흘리며 무궁화나무를 정성껏 가꾸시는, 무궁화 할아버지 김석겸(81세) 씨께, 온 국민이 감사하며 박수갈채를 보내야 하리라. 무궁화가 삼천리 방방곡곡에 가득한 세상을 만들기 위하여 오매불망 김석겸 할아버지의 애쓰시는 노력이, 이 땅에 뿌리내려 만발한 무궁화 꽃을 바라보며, 대한 독립은 결코 잊지 말아야 할 역사이다. 이제 앞으로 무궁화가 방방곡곡에 피어져 우리나라꽃 무궁화의 소망찬 생의 몸짓을 바라보며 순국선열들의 얼을 기리고, 그 꽃 속에서 행복한 우리나라에 대한 긍지를 가지고 살아보는 것은 어떨까 한다. 그리고 그 꽃이 우리 백의민족을 지켜온 자랑스런 무궁화였다는 것을, 요즘 아이들에게 가르치는 것이 나라사랑 교육이고 애국정신의 혁명을 추구하는 길일 것이다. 자라나는 우리 청소년들에게 어떤 환경과 긍지를 갖게 하느냐에 따라, 우리의 역사는 새롭게 창조될 것이다. 해마다 태극기가 펄럭이는 광복절 기념일, 애국지사 후손 집 뜰에 줄기를 곧게 세우고 피어있는 무궁화 꽃이여, 광복의 환희로 온 누리에 가득히 자유와 평화의 꽃날개 펴, 대한민국의 옥토에 영겁의 뿌리를 내려라.

진정한 승자

추위는 다 했고 봄바람 살그머니 이미 돌아왔다. 삭풍의 칼날에 상처 입은 겨울나무가, 연초록 새싹을 틔워 올린다. 겨울 내내 몸 안에서 사랑의 영양소를 만들며, 칼바람을 견디어낸 인내의 잎새인 것이다. 가슴 안으로 삭인 아픔의 '촉'인 것이다. 벌거벗고 언 땅에 꽂혀 질투 강한 바람의 날선 횡포에 깎이고 꺾이며, 나무는 겸손과 인내로 고통과 아픔을 이겨낸 것이다. 봄이 오면 환한 미소로 틔워낼 청초한 잎을 그려보며, 소망의 인내로 모진 겨울 이겨냈을 것이다. 겨울나무처럼 우리도 푸른 자존심의 짓밟힘과 역경 속에서도, 긍정적 시선으로 나를 일으켜 세울 때, 진정한 승자가 되는 것이다. 그처럼 보람된 일이 또 있으랴. 요즘 현 세태를 돌아보면, 한 뼘 높이 권좌의 황홀함을 누리기 위하여, 갖은 수단과 방법을 동원하여 부를 축적하고 또는 출세를 하려고 한다. 꿈을 이루려면 권력이 있어야 하고, 권력을 얻으려면 돈이 있어야 한다는 말대로, 그러기 위하여 근원을 팽개치고 인간성이 점점 황폐해져 가는 세태이다. 불행히도 우리 사회에는 과도기 탓인지 곳곳에서 '갑'질의 횡포가 도를 넘는다. 부모덕에 금관 쓰고 태어난 족속들의 횡포도 가관이지만, 결코 '갑'이라고 칭할 수 있는 자리의 사람이라고 볼 수도 없고, '갑'으로서의 자질도 갖추지 못하였으며, 여러모로 '갑'의 존재로 설 수 없는 사람이, '갑'인양 위장을 하는지, 착각을 하는지, 스스로 특별한 인간인 척 거들 떠는 것이 더욱 가증스럽고 목불인견이 아닐 수 없다. 이런 사람이 남에게 잘난 척하며 교만을 떠는 저질스러운 행위들로, 주위 사람들의 자존심을 짓밟으며 아프게 하니 문제이다. 누가 알아줄 수 있는 존재가 아니라는 제 분수도 모르고, 또는 한순간에 없어질 수 있는 현재 몇 푼 더 가지고 있는 부를 믿고, 교만하게 굴며 남을 무시하고 깔고 앉으려는 사람을 가까이서 보게 되어, 참으로 가소로움을 느낀다. 이처럼 사람 됨됨이가 덜된 인간이, 스스로 '갑'의 위치에 서서 교만한 태도로 군림하려는 나쁜 '갑'질은, 그 사람의 인성에 관한 문제라고 생각된다. 벼이삭도 익으면 익을수록 고개를 숙인다는 말을 생각하게 된다. 사람이 살다 보면 본의 아니게 어떠한 단체의 구성원으로, 아닌 사람도 상대해야 되고, 말을 섞고 싶지 않은 사람을 대해야 되며, 이런저런 사람을 만나면서 살아가게 된다. 좋은 사람들끼리만 어울릴 수 없는 게 우리들의 삶이라, 실망이니 배신이니 하는 말은 누구만의 전유물일 순 없다. 누구나 다 그 조직 안에서 본의 아니게 실망을 주고받는 일들로 상대를 아프게 하고, 또는 아픔을 당하며 분노하는 것에 자기가 포함될 수 있기 때문이다. 서로 무리를 지어 모임을 형성한 규범 속에서, 나는 자존심 짓밟히는 상처들로 지난 2년 연이어 나의 심장은 최고조의 출렁거림을 일으킨 적이 여러 번 있었다. 살다 보면 별일을 다 겪는다더니, 나의 자존심이 여지없이 무너지는 사건들로, 견딜 수 없는 슬픔이 날선 유리가 되어, 심장 깊은 곳을 무자비하게 가격하였다. 거슬리는 것들을 눈감아 줄 아량이 없는 나는, 모욕적이고 비인간적인 대우를 받았을 때, 반감기가 있어 칼끝 같은 적의로, 시시한 농담에도 크게 소리내어 웃었나 보다. 살아가는 일의 분함을 은폐하려는 무의식의 발로일 듯하다. 그러면서 많은 날들을 기도하며 하나님 말씀으로 채우고 나서야, 미움의 응고들이 가장 영롱한 빛으로 사랑의 '촉'위에 피우고 있음을 보게 된다. 너무 기가차면 오히려 웃음이 나온다고 한다. 사람은 저마다 자존심으로 사는 것이다. 나는 자존심이 무참히 짓밟혔을 때에, 참아내야만 하는 어쭙잖은 그리스도인의 삶으로, 끝끝내 증발하지 못한 슬픔이 깊은 밤을 뒤척이게 하였다. 날이 밝으면 가슴이 터질 것만 같아, 푸르른 창공을 바라보며 하늘의 구원을 바랬다. 성경에 보면, 인격성이 있으신 예수님도 고향 나사렛에서 비인격적인 대우를 받았을 때, 화가 나신 예수님은 아무 권능도 행하실 수 없어, 많은 능력을 행하시지 않으셨음을 알 수 있다. 남이 나를 어떻게 대하는가, 나는 남을 어떻게 대하는가, 이 물음은 존엄성이라는 개념으로 흘러 모인다. 『멋있게 품위있게』의 저자인 김봉국 행복한 기업연구소 대표는, "품위의 기본은 모든 이에겐 그 사람 나름의 존엄성이 있다는 걸 인정하고 배려해 주어야 하는 것"이라며, 가장 바른 길은 상대의 말을 끝까지 경청하는 것이라고 했다. 나와 다른 의견일 때도 그 의견을 존중해 주는 것이리라. 어려운 일이지만 그런 노력이 삶의 격을 높이는 방법이라고, 독일 철학자 페터 비에리가 말했다. 어떠한 경우든 예의와 예절을 지키며, 상대의 자존감을 지켜주는 것이 진정한 승자가 되는 것이다. 그러나 우리 생활을 돌아보면 모순되는 경우가 많다. 인간이 겸손해야 한다는 것을 뻔히 잘 알고 있는 그리스도인이면서도, 잘난 척, 있는 척, 선한 척, 온갖 가증스런 언행으로 교만의 죄를 저지르고 있는 것이다. 암 환자인 나는 스트레스를 안 받으려면 그런 사람을 안 보는 것이 상책이라는 결론을 내렸다. 돌이켜 보면, 우리나라는 어느 해보다 지난해는 다사다난한 해였다. 대형 참사로 인명피해가 너무나 컸다. 또한 문명의 이기와 함께 인간성이 점점 황폐해져 가며, 조현아 전 대한항공 부사장의 '땅콩'회항을 비롯해, 사회 저명인사들의 성추행 혐의와 막말 논란과 아동학대로, 우리 사회 곳곳이 얼룩져 있다. 그런 따위의 '갑'질은 사회의 악이다. 당연히 규탄돼야 하고 마땅히 처벌 받아야 한다. 요즘 시중에 화두는 '갑'질이다. 독일 철학자 페터 비에리가 쓴, 『삶의 격』이 출간된 지 두 달 만에 8천부를 찍었다 한다. 요즘 존엄성을 지키며 살아가는 방법을 알려주는, 까다로운 철학 에세이가 호응을 얻는 것을, 출판평론가 표정훈 한양대 교수는, 최근 사회를 어지럽히는 여러 사건이, 나와 남의 존엄을 훼손한 엄연한 폭력이기 때문이라고 설명하였다. 어느 누구나, 나 역시도, 내 행복과 내 자존심이 소중하니까, 내 삶의 존엄을 깨뜨리는 걸 용납할 수 없고, 남이 겪는 자존감의 피해에도 공감하고 울분하며 분노하는 것이다. 한편 대개의 '갑'들이 자리에서 물러나고서도 존경을 받겠다고 하는 모습을 보면, 별 수 없이 초라해지는 것이 자존심이다. 자존심은 속되지 않아야 자존심이고, 인내가 바탕일 때 자존심이 된다. 나도 모멸감에 격분하기에 앞서, 지난 과거를 지워버리고 낮아지고 낮아져야 하리라. 스스로 자존감을 지키기 위하여, 내 자신을 객관적으로 바라보려는 노력을 해야겠다고 늘 다짐한다. 나이 들수록 욱하는 성질을 버리고, 귀에 거슬리는 말을 들을 수 있는 인내심을 키워야 하리라. 모욕적이고 비인간적인 대우를 받았을 때, 분노하고 저항하기에 앞서, 그 모욕을 각고의 노력으로 극복해야 하리라. 그러기 위하여 나에게 제일 좋은 방법은, 성경말씀 고린도 전서 13장 사랑장을 암송하는 것이다. 연이어 몇 번 암송하다 보면 마음이 점점 진정되어 가기 때문이다. 이 세상에 인간을 망라한 자연계의 모든 사물의 존재가 다르듯이, 이 땅에 보리밭 사이에 끼어 살아가는 가라지 같은 존재도 있다. '갑'질이 만연한 사회도 문제지만, 이런 사람이 '갑'인 척하는 인간에게 아첨을 하는 것을 보면, 더더욱 한심스럽고 비굴함에 앞서 측은하기까지 하다. 한때 나에게도 아첨하는 사람들이 많았음을 기억하게 된다. 지금 이렇게 솔직하게 피력하고 있는 나는, 뭐 묻은 개가 겨 묻은 개 나무란다는 비난을 받지 않았으면 좋겠다. 내 성격상 나는 아첨하는 사람을 결코 좋아하지 않았으며, 더구나 나는 아첨은 절대로 못하니 말이다. 그 탓으로 남편이 잘 될 수 있는 좋은 기회를 몇 번이나 놓쳤음을 기억한다. 어느 시대 어떤 사회에도 인간의 아첨은 있어 왔다. 아첨이란 남의 마음에 들려고 간사와 요사를 부려 비위를 맞추어 알랑거리는 것이라 하였다. 우리 생활에 깊숙이 파고든 아첨이야 말로, 비굴한 자들이 권력이나 물질의 노예가 되어 슈퍼 '갑'이나 '갑'행세하는 인간을, 더욱 교만하게 만드는 행위인 것이다. 내 주위에 좀 있는 것 같은 사람에게 아첨을 하는, 이런 저속하고 한심스런 사람들이 있는 반면, 이 땅에는 치열한 경쟁 각박한 인정 속에서, 존재를 드러내지 않고 자기 몫의 삶을 겸손히 묵묵하게 살아내는 사람들이 의외로 많다. 잘난 체하지도 않고, 생색을 내지도 않고, 제 가진 능력과 소유를 나누는, 그렇듯 아름다운 사람들이 있어, 한편 살아갈 만한 세상이 아닐까 하는 흐뭇함과 위안을 얻기도 한다. 시간은 한정된 삶으로 인간의 생명을 잡고 있다. 고작 백년을 사는 인생이니 만큼, 나이 들어가며 올곧은 생각으로 바른 말을 하는 것이 곧 인성교육에 기여함이 되리라. 대의를 위한 일에 서슴지 않고 나를 내어 투신할 때, 진정한 정의를 창출할 수 있고, 주위를 개선시키며, 나아가 밝은 사회를 만들기 위한 일이 되는 것이다. 이것이야말로 세상을 살만큼 살아온 노인으로서, 보람된 일이 될 것이다. 한편 아픔을 겪으면서도 어차피 모두 다 감싸 안을 수밖에 없는 삶의 선상에서, 누군가의 자존감을 지켜주는 따뜻한 배려는, 진정한 승자로서 가치 있는 일이라는 생각은 절대적이다. 가장 아름다운 삶을 위하여 수반되는 숱한 고통을 마음속 깊이 묻고 나면, 오직 사랑으로 겸손이 정의로운 일에 투신할 수 있는 마음의 여유가 그립다. 어찌하거나 겸허하게 무너져 내려야 한다. 낮은 자리에서 저마다의 꿈을, 내 자신에게 부여해준 이 세상을 향해, 모두가 스스로의 존귀한 가치를 실현해 가야 하리라. 나는 부족한 존재로 이 땅에 살아가는 동안, 세상의 개똥밭과 지뢰밭 사이에서 넘어지고 고꾸라지며, 사람답게 사는 법을 터득해 가는 대가로, 참기 힘든 아픔을 당할지라도, 정녕 후회 없는 나이기를 원한다. 어느새 입춘이 지나 백목련이 꽃을 활짝 연다. 그 순백의 색깔이 깨끗하고 고결하다. 나는 창문을 통해 그 꽃을 바라보며, 모든 순간순간 하루하루 그리고 전 생애를, 나도 사랑의 꽃 피우리라 다짐하며 또 한 번의 새봄을 맞는다.

사색의 길

음악이란 예술은 인간뿐만 아니라 살아있는 생명체에게 감동을 주는 신(神)의 선물이다. 앤드루(Andre Rieu Violin) 연주 「나의 길(My way)」을 오랜만에 들어보니 눈물이 주르르 흘렀다. 프랑크 시나트라의 가사가 있는 노래도 아니요, 단지 바이올린 멜로디 연주에 왜 이렇게 눈물이 흐르는지 알 수가 없다. 지나간 날들이 가슴에 잔잔하게 스며드는 비감이 잠기는 멜로디라서 그런지도 모른다. 이어지는 임태경의 「열애」는 들으면 들을수록 가슴이 타서 조여드는 것 같은 자극을 느꼈다. 음악이 안겨주는 희로애락에 취하는 하루가 고맙기만 하다.

감정의 동요와 울림을 주는 것은 역시 음악이 아닌가 싶다. 안드레의 훌륭한 악단연주로 임태경의 노래 「고래」를 들으면 인간이 이렇게 아름답고 신비한 것이었는가? 하는 감격 속에 빠져들어 밥 안 먹고도 배부른 것 같은 풍요로운 감성을 느낀다. 구순이 넘은 나에게 이토록 변함없는 정서를 이어가게 살리시는 주님에게 감사할 뿐이다. 인간의

미와 지. 인성의 문제는 내적이며 성격과 행동은 외적이다. 나는 지금까지 내적인 삶을 추구하는데 역점을 두고 살아왔다. 앞으로 남은 생도 인격을 바로 세우는 삶을 살아가는 것이 내게 남은 숙제다. 그 삶을 위해 지팡이 역할을 해주는 첫째 요인은 음악을 듣는 일이요, 둘째는 글 쓰는 일이다. 이 두 가지가 없었다면 나는 외로움의 늪에서 헤어나기 힘들었을지도 모른다. 음악을 듣고 책과 함께 하면 나도 모르게 힘이 솟구친다. 나이 들어 마음에 꼭 드는 벗이 가까이 있다는 것은 큰 축복임에 틀림이 없다.

세상 살면서 인간관계를 원만하게 구축하는 일도 쉽지만은 않다. 노년이 되면 만남의 관계도 줄어서 쓸쓸하다. 나는 한 달에 한 번 문인회 모임이 있어 다행이다. 글을 쓴다는 목적으로 모여 신선하다. 젊은 이들이 이 노인에게 생기를 넣어주고 사랑의 유대관계가 되어 주어 고마울 뿐이다. 그밖에 만남은 많지 않아 혼자 생활하는 시간이 많아졌다. 구순의 눈높이에서 바라보면 만남 그 자체가 기쁘고 신나고 재미난다는 것을 젊은 친구들은 이해하기 힘들지도 모른다. 지금은 백수를 누리는 세상이다. 그들도 머잖아 백수를 누리는 대열에 서게 된다. 그때 후회하지 않으려면 혼자 즐길 수 있는 일을 찾아야 한다고 조언하고 싶다. 외로움도 나이가 들어감에 따라 그 강도가 곱으로 느껴지기 때문이다.

오늘은 좋은 세 분과 넷이 합석하는 귀한 시간을 가졌다. 현역에 계신 60대 후반과 70대인 그분들은 무료한 나의 일상과 달리 열심히 사회활동을 하는 훌륭한 분들이다. 나는 누구를 만나도 젊은 대상이니 서글픈 위축감이 오기도 하지만 감사함으로 그들을 만난다. 만나는 사람마다 서로 느낌은 다르지만 그들의 젊음을 통해서 신선한 충격을 받을 때마다 젊어지는 희열을 느낀다. 개인마다 인격이 달라 살아온 모습도 독특하지만 묻어나는 감정, 감각, 지성, 품위의 미묘한 하모니가 있기 마련이다. 오늘 만난 이들은 만날수록 기분 좋은 분들이다. 그중 한 분은 푸른 산등성이에 피어오르는 목화구름 같은 분으로 인간미를 느낀다. 그래서 그분을 따르며 존경한다. 나에게 몇 안 되는 진실한 친구이기도 하다. 나 이제 호박꽃이 되었으나 호박꽃 나름대로 가치를 지니고 바람같이 편하게 살랑살랑 살고 싶다. 그러기 위해서는 더욱 친절해지고 더욱 순수하고 진실하게 그리고 온화하고 인정 깊어져야 한다는 책임감을 느낀다.

오늘 교회 친교실에서 '엄 작가님 감사해요.'라고 인사를 받았다. 60대 후반의 내가 좋아하는 선임 권사님이다. 항상 나를 만날 때마다 사랑으로 대해 주는 권사님이다. 서로 마음을 터놓고 지낸 사이가 되어 요즈음은 가정의 속상한 일을 털어놓기도 한다. 남편하고 사이에 갈등이 생겨 밤잠을 설치는데 그때마다 엄 작가님의 책을 머리맡에 놓고 읽으면 마음이 안정을 찾는다고 했다. 부족한 내 글이 누군가 읽고 위로를 받는다니 이보다 더한 기쁨이 없다. 단 한 분이라도 좋다. 삭막한 인생길에 위안을 받았다면 너무나 감사한 일로 날마다 하나님께 즐거운 찬양을 드린다.

사람은 저마다 담고 있는 삶의 의미에 따라 인생관이 변하고 행복지수도 달라진다는 말이 진리인 것 같다. 남은여생 즐거운 삶을 위하여 날마다 좋은 사색을 하며 음악 듣기와 글쓰기에 전념해야겠다.

친구

저녁 6시 따르릉 전화벨이 울린다. 무료한 나에게 전화벨 소리는 아름다운 멜로디로 들린다. 본토의 딸인가? 싶어 수화기를 들었다.

"나 옥수야." 고국에서 온 친구의 반가운 목소리다.

"여기 인주하고 관수, 우리 집에 와서 점심 같이 하며 네 생각나서 전화했어."

구순이 넘은 보고 싶은 나의 여학교 동창들이다. 목이 메이도록 가슴이 뭉클하다.

"인주야, 관수야 잘 있니? 건강하지, 보고 싶다. 이제 우리는 보지 못하고 목소리만 들어야 하는 짧은 인생만 남았구나!"

그들은 나보다 한두 살 위인 고령인데, 밝고 건강한 목소리가 부럽다. 한국의 눈부신 발전에 힘입어 많은 혜택을 누리며 윤택하게 사는 행복한 노인들이다.

멀리 있어도 가슴으로 가까운 내 친구들. 만리타국에 혼자 떨어져 살지만 늘 마음에 담아두고 기억하는 친구들이다. 사회에서 만난 친구가 어찌 어릴 때 학교 동창을 대신할 수 있을까? 고령이 되니 더 보고 싶어지는 친구들. 서로가 건강이 허락지 않아 찾아다니며 만날 수는 없는 현실이 안타깝지만 마음으로 그릴 수 있는 것만도 우리에겐 축복이다. 나는 그들이 보고 싶을 때 박인수 교수님이 부른 노래, 「친구」를 들으면 찡한 가슴으로 외로움을 달래곤 한다. 친구들을 그리는 감정에 빠질 때면 고국의 가을이 함께 떠오르고 덕수궁에 전시된 하얀 국화꽃 향기를 맡고 싶어지는 충동이 생긴다. 설악산의 아름다운 오색 단풍, 비원 뜰에 우수수 떨어지는 가을 낙엽, 달빛 흐르는 길가에 코스모스, 풀숲에 귀뚜라미 울음, 절정의 가을 감흥을 느껴보고 싶어진다. 어디 그뿐이랴 매서운 추위를 이겨내는 겨울 산도 보고 싶고, 함박눈 맞으며 뽀드득뽀드득 눈길도 걷고 싶다. 더 간절한 것은 내 고향 뻐꾸기 울음소리다. 그 울음소리가 날 부르는 손짓으로 연상되기도 한다. 꿈같은 추억이지만 그것이 고국을 그리는 소박한 나의 마음이 아닌지 싶다. 이제 노쇠하여 가보지 못하는 금수강산 나의 산천이여! 눈앞에 그려지는 아련한 향수, 찬란했던 추억의 회상 그 자체로 감사해야지.

나는 요즈음 슬럼프에 빠져 있다. 노쇠한 마음에 질서가 무너지는 충격의 슬픔이다. 이유인즉 이웃에 사는 일본 여인 요시의 이야기다. 그녀를 만난 지 10년쯤 되었다. 그녀는 차를 쓰지 않고 세워두면 안 된다며 나와 같이 하와이 바닥을 누비고 다녔다. 그녀의 고정관념인 일본 여인의 우월감, 법정통역관을 했다는 과시, 나하고는 조화로울 수 없는 성품으로 호감을 느낄 수 없었으나 노인이라는 동질감과 크리스천이라는 점에서 서로의 좋은 점을 취하여 친구가 되었다. 그녀는 친구가 없으며 항상 나만을 기다리는 처지다. 우리 집에 차 마시러 오라면 희희낙락 날아서 온다. 우리는 처지가 같은 외로운 노인들이다. 햇빛 내리는 바람이 그리울 때면 내가 가자는 대로 잘도 돌아다니며 행복한 시간을 만들어 갔다. 그러던 그녀가 좀 이상해졌다. 건망증이 생기더니 방향감각을 잃어 어느 곳도 찾아가지를 못하게 됐다. 지켜보기에 마음이 아프고 가엾은 일이다. 그 후 외출하는 것을 그만두었는데, 어느 날 조용히 아들 집으로 사라졌다. 인생이 이렇게 허무했다. 그녀에게 유일한 벗인 나도 모르게 떠난 요시. 친구가 없는 그녀의 삶은 너무 외로웠다. 지근거리에 있던 벗이 떠나간 뒤에 찾아온 슬럼프를 이겨내려 나는 온 힘을 다해 글쓰기에 매달리는 중이다.

노인이 되면 가족보다 더 필요한 것이 가까운 친구다. 나이가 들면 은행에 저축 말고 친구에게 투자하란 격언이 있다. 친구의 우정은 질병도 고치고 심지어 주검으로부터 보호막 역할까지 할 수 있다 하였다. 얼마나 친구의 존재가 귀한 것인가? 가족에게도 할 수 없는 속마음 다 털어놓고 받아 줄 수 있는 친구가 있으면 가장 행복한 사람이다. 노름 친구, 먹는 친구, 하루 친구, 한 달 친구, 여러 종류가 많다. 공자는 세 가지 유익한 친구로 '정직, 성실, 견문이 있는 친구, 그리고 음식과 같이 매일 필요한 친구, 약같이 이따금 필요한 친구와 질병같이 피해야 하는 친구가 있다'고 했다.

나는 사랑과 의리가 있는 가까운 평생친구가 좋다. 평생 내 마음 한 자락에 자리 잡고 있는 친구가 있다. 그녀는 내게 매일 필요한 음식

이상으로 사랑과 유대를 가져다 준 긴 오랜 친구다. 고국에 있어 서로 노쇠하니 보지 못한 지 3년 이상 되었다. 친구의 남편이 생존 시엔 여행 갔다 돌아올 때는 꼭 하와이에 들러 나와 회포를 풀고 가곤 했다. 보고 싶은 누적된 그리움, 봄비 같이 가슴에 적셔온다. 친구야 라일락 향기 같은 내 친구야. 긴 세월 우정에 눈물이 흐른다. 우리의 나머지 삶. 슬픈 인간의 유한성을 생각지 말자. 치매 같은 무서운 병도 겁내지 말자며 달래본다.

친구야 아름다운 음악은 감성을 맑고 투명하게 다스려준다니 우리 학창시절로 돌아가 예쁜 노래 찾아 부르며 노년의 아름다움을 즐기며 살자. 더 이상 욕심내지 말고 지금 있는 자리에서 감사하며 살자 친구야.

노년의 상념(想念)

유병, 무전 그리고 장수라는 타이틀의 신문 오피니온에 실린 글을 보았다. 가난하고 병들어 오래 산다는 것은 결코 축복이 아닌 저주라는 내용이었다. 일회성의 귀한 인생 누구나 오래 살고 싶은 것은 삶의 애착이며 생명보전의 본능적인 욕구다. 그러나 늙어서 궁핍하게 병들어 오래 사는 것은 저주란 말이다.

노인 자살률이 제일 높은 곳이 한국이란 통계가 나왔다. 너무나 슬픈 일이다. 귀한 인생 자살로 마감하다니 안타깝기 그지없다. 삶은 주님의 선물이고 죽음은 자기의 선택이다. 어떤 삶을 살아 왔느냐에 따라 well dying이 된다는 말이다.

나의 삶도 예측할 수 없다. 아직은 천만다행으로 현재의 생활이 저주의 대상은 아니라는 것을 강조하며 주님께 머리 숙인다. 하지만 두려운 마음도 없지 않다. 날이 갈수록 삶의 연민과 애착에 젖어 지난날의 삶을 열망하는 마음이 깊어가니 걱정이다. 이것도 치매로 가는 일종이 아닐까? 늙음이란 걸어온 과거가 있기에 슬프기 마련이다. 젊음이 아름답다 해도 찬란한 삶의 역사가 동반된 깊이는 노인을 능가할 수 없는 일이다. 고령의 노인이 부르짖는 아집으로 치부할지 모르지만 가는 세월을 안타까워하는 마음은 젊은이나 늙은이나 같기 때문인지도 모른다. 그들도 나이 들면 나처럼 후회와 연민을 느끼게 될 테니까 말이다.

나는 산허리를 스쳐 오르는 흰 구름과 두둥실 떠가는 태양을 바라보는 것을 좋아하며 평생을 살아왔다. 무한대의 하늘, 그 아름다운 자연과 우주의 신비가 갈수록 더 마음에 다가와 감동으로 이어지는 자체가 노인이 걷는 길이다. 사회적 입지가 약해져서 소외감은 오지만 인생을 자연과 승화시켜 멋진 노년의 삶이 되었으면 하는 꿈을 꾸며 산다.
어제는 두 달마다 가는 건강진단을 받으러 갔다. 내 생각이지만 의사선생님 환자 중에 내가 제일 고령인 듯하다. 그분과의 만남은 오랜 시간이 흘러 상호 친근감이 쌓여 즐겁게 진찰을 받는다. 어제는 인생종말의 문답지를 주며 질문을 했다. 내게 최후의 날이 올 때 누가 임종을 지킬 것인가? 갈 때가 되어 의식불명일 때 그래도 생명연장을 위해 산소 호흡을 계속 받겠는가? 사전에 대비해 여러 가지 의료 지시서에 대한 문답을 하였다. 나는 막연한 그날을 생각하며 날마다 긴장을 늦추지 않고 있다. 내 생의 마지막 날은 감사하는 마음으로 미소를 지으며 가야 한다는 소망이었다. 오늘 갑자기 이 문제를 대하고 보니 슬픔이 안개로 피어올랐다. 이제 인생의 종말, 피상적으로 생각할 수 없는 현실 앞에 가슴 뭉클한 소명의식을 느끼게 된다.

친구에게 점심초대를 받았다. 요즘 나를 찾아오는 친구들은 다 10년 또는 20년 연하다. 초대한 명단을 보니 좀 망설여졌다. 이런 기분은 처음이다. 나로 인해 어떤 불협화음이나 위화감이 생기지 않을까 망설여졌다. 고심 끝에 나의 망설임을 친구에게 전했다. '만년 소녀로 젊게 사시는 분이 웬 말이냐'고 펄쩍 뛰었다. 미안한 마음으로 참석했는데 우호적인 호의에 즐거운 시간을 갖게 되어 고마웠다. 요즘 나의 일상은 이렇게 빛지는 삶을 살아간다. 오늘 모임은 아픈 분을 위해 위안이 있는 사랑이 묻어나는 모임이었다. 한 분이 오래된 지병을 가지고 있어 그분에 대한 슬픈 세월을 위로하는 모임이었다. 대개 파티란 축하를 의미하는 회식자리인데, 이 모임은 아픈 분을 위한 감동적인 우정의 모임이었다. 자주 만나지 않은 분도 있고 정년퇴직한 백인의 여인도 함께 참석했다. 식탁 위엔 예쁘게 포장한 재스민 향의 비누가 선물로 놓여 향을 풍겼다. 한 분 한 분 훌륭한 분들의 소개가 있었다. 이런 모임에 오면 색다른 인품을 배우게 된다. 아름다운 인생을 사신 분들이기 때문이다.

노년이란 화려한 젊음의 꽃보다 진실하고 건실한 생을 살아온 열매에서 더 많은 가치를 느낀다. 몸이 불편한 분을 위해 건강과 축복을 기원하는 마음으로 자리를 떴다. 집으로 돌아오는 길에 모차르트의 「피아노 콘첼트 21번」을 콧노래로 부르며 10층으로 올라와 방문을 열었다. 방안 가득 나만의 체취가 환호하며 반겨주고 있다. 행복보다 더 큰 것은 만족이다. 나의 노년을 만족으로 보내고 싶다.

■ 윤항중 편

내 평생 잊지 못할 일

우리 백의민족의 한 서린 역사가 생각난다. 1910년 8월 29일은 경술국치로 나라를 잃었고, 1945년 8월 15일은 광복투쟁으로 나라를 되찾았다. 그러나 제2차 세계대전 종전 후, 1950년 6월 25일 소련이 지원하여 북한군은 남침을 강행하였다. 무척 더운 여름날이었다고 기억된다. 내가 초등학교 3학년 시절 10살의 어린 나이에, 처음엔 철없이 전쟁이 어떠한 것인지도 모르고 피난 간다고 좋아서 펄쩍펄쩍 뛰었다. 곧이어 내 고향 충남 홍성에도 군복을 입은 인민군들이 쳐들어오면서부터, 나는 처참한 6·25전쟁을 체험하게 되었다. 갑자기 이웃집 아저씨가 빨갱이로 돌변하였다. 죽창과 총칼을 들고 빨갱이들을 앞세운 인민군들이 무자비하게 집집마다 쳐들어와, 막무가내로 어른들을 끌고 가서 살생하는 끔찍하고 비참한 일들이 눈앞에서 벌어졌다. 그들을 피하여 대다수 사람들이 봇짐을 이고 메고 지고 떠나는 피난의 행렬에, 나의 아버지도 두 형을 데리고 피난을 떠나셨다. 어머니와 나와 어린

동생들은 집에서 기가 막힌 비참한 일들을 다 겪으며, 우리 한 가족이 둘로 나뉘어져 서로가 애태우는 이산가족의 아픔을 감내하였다. 제트기가 총알을 퍼붓고 폭격기가 바로 머리 위에서 굉음을 내며 폭격하여, 사람들은 괴성을 지르는 등 아수라장이 되는 나날이었다. 그러던 어느 날이었다. 애통할 일로 어린 내 가슴이 찢어지는 아픔을 겪었다. 우리 가족이 다니던 집 앞 홍성 제일감리교회에 갑자기 들이닥친 3명의 인민군이, 교회 벽에 걸린 십자가와 태극기를 떼 내어 군화발로 마구 짓밟고, 예수님 사진을 찢어발기는 장면을 나는 직접 목격하고 어린 나이에 얼마나 서럽게 울었는지 모른다. "하나님! 제가 커서 이 나라를 지키는 군인이 되게 해주세요!" 어린 나는 그들의 눈에 띄지 않는 교회 귀퉁이에 꿇어앉아 벌벌 떨면서 간절히 기도를 드렸다. 그 후 나는 전쟁 후유증으로 인한 격동의 암울한 세월을 살아가며, 오직 반공 방일의 집념으로 성장하였다. 나의 의지를 굽히지 않고 열심히 공부하여 1961년도에 육군사관학교에 입교하여, 끝내 국방의무에 사명을 띤 군인으로서 목숨 바쳐 나라를 지켜야하는 험하고 열정적인 생의 길로 들어섰다. 넓고 푸른 가슴 뛰는 끈질긴 긍지로 육사를 졸업하고 청운의 꿈을 안고 소위로 임관 후, 첫 보직 받은 부대가 강원도 양구지역 보병 제○사단 ○○연대 수색중대 2소대장이었다.

목숨을 바쳐 이 나라를 지키겠다는 화랑의 젊은 기백으로 맡은바 임무수행 중, 어느 날 갑자기 우리 지역에 무장간첩 3명이 출현하였다(1966. 07. 16.). 사단사령부 뒷산인 804고지 7부 능선에서, 갑자기 조우된 3명의 무장간첩과 우리 수색조 9명과의 긴박한 근접전투 과정에서, 아군의 선제 기습사격으로 황급히 도주한 무장 간첩 3명의 소지

품 전량을 회수하고 사살된 간첩 1명의 시체를 수습코자 접근 중, 숨어 있던 잔여 2명의 간첩에 의해, 따발총 113발, 수류탄 2발이 작렬하는 바람에 급기야 4명의 내 부하가 희생된 끔찍하고도 애석한 사건이 발생되었다. 온 몸에 수류탄 파편을 맞았으나 기적적으로 목숨을 건진 나는, 희생된 부하들 이름을 부르며 얼마나 몸부림치며 통곡을 하였는지, 내 평생 꿈에도 잊지 못할 가슴 찢어지는 비극이었다. 그 후 파월 맹호 소총 소대장으로 월남전 참전시 첨병 소대장으로 전투에 투입되었던 때(1966. 11.), 베트콩으로부터 노획한 AK 소총과 의약품이 북한제임을 확인하고 나는 아연실색하였다.

제3국에서마저 한민족끼리 적이 된다는 사실에 경악과 분노를 금할 수 없었으니, 이것이야말로 분단국가의 비애가 아니고 그 무엇이겠는가. 우리는 북한의 남침으로 동족상잔의 전쟁을 치루면서 200만 명이 목숨을 잃었고, 삼천리강산이 초토화되는 참담한 국운을 겪었다. 이어 서로 다투는 분단국가의 비애를 되씹으며 60여 년의 세월이 흐른 지금, 우리의 안보 상황은 여전히 엄중하다.

이 나라 이 겨레의 한 맺힌 염원이 오직 남북이 다시 하나가 되는 것인데, 북한은 지금도 시도 때도 없이 크고 작은 도발행위를 거듭하며 우리 남한에 대한 위협을 계속하고 있다. 강산이 여섯 번 변했건만, 우리는 조국의 분단과 이데올로기라는 것 때문에 갈등과 냉전의 연속으로, 지금까지도 그 숱한 죽음과 죽음 못잖은 고통들을 감내해 오고 있다. 공산화되어 있는 북한이 있고, 이념이 하나가 되지 않은 남한이 서로 대치하고 있는 한, 우리는 안전도, 완전한 평화도, 자유도, 향유할 수 없다. 그러기에 한반도를 둘러싼 동북아시아의 안보상황은 매우

유동적이다. 지금 우리 국민은 오직 애국애족 하는 한마음으로 정신 바짝 차려야 할 때다.

"조국의 생존과 자유보다 앞서는 건 없다!"고 했던 마키아벨리의 말을 되새겨, 과거의 암울한 그림자와 기억들을 과감히 떨쳐버리고 지워버리는 용기와, 상대방의 주장을 수용하려는 마음자세 육성이 필요하다. 통일은 가깝고도 멀다. 이제 상호 이질감을 해소하고 통일 준비를 해야 한다. 죽어가는 실향민들 이젠 시간이 없어 우리의 소원 남북통일을 늦출 수 없다. 우리는 국력의 우위를 견지하면서 북한의 변화를 촉진하고 안보환경을 통일친화적으로 주도해 나가야 한다.

분단극복이 세계화와 더불어 이루어지도록 국력신장과 국가발전을 가속화하여야 한다. 먼저 우리 내부의 불신과 대립을 극복하고 소통과 상생을 통해, 겨레의 살길인 평화통일만을 생각하는 국민이 되기를 기대한다. 구름이나 소나기가 없으면 결코 무지개가 서지 않는다. 국운으로 인한 비바람 폭풍우에 시달리며, 산전수전 다 겪은 우리는 부딪치고 부서지고 멍든 행로이지만, 상처뿐인 아픔의 세월! 마음속 깊이 묻어 두고, 끊임없이 애국애족 하는 마음으로 남북통일의 희망을 향해 가야하리라고 생각한다. 나라가 우리들에게 무엇을 해줄 것인가를 묻기 전에, 우리가 국익을 위해 할 일을 스스로에게 묻고 찾아서 실행에 옮겨야 할 것이다. 그러기 위해 아무쪼록 우리 한통문협인들, 우리 겨레의 호국의 얼을 모아 사랑의 언어로 세심하게 통일희망을 이끌어 갔으면 좋겠다. '바람[風]의 소리 아! 바람[望]의 소리! 우리 겨레의 한결같은 바람의 소리!', '기도의 소리!', '아픈 울음의 소리'의 글로 이념의 바람 서로 미워하는 증오의 바람 다 잠재워야 하리라. 훈훈한 한민족

사랑의 글로 자유민주 평화통일의 문을 열어야 하리라. 세상은 다음에 오는 사람들의 것, 사람은 시간을 타고 가서 아니 오지만, 역사는 남아서 다시 올 사람을 기다린다. 남북통일이 되어 하나가 된 나라를 후손들에게 물려주자. 오천 년 유구의 정기 속에 청순한 민족으로, 가난과 국난에 처해도 분골쇄신으로 조국을 지켜낸 선조들의 정신과 교훈을 후손들에게 물려주자. 피 흘린 자국을 말끔히 지우고, 가고 오는 것들의 영원성을, 영원한 민족의 씨앗으로 계승되는 보람을, 자라나는 우리 청소년들에게 물려주자. 우리 청소년들이 좋은 나라의 튼튼한 뿌리를 가지고, 각자의 위치에서 맡은 바 임무에 최선을 다하며, 애국애족 할 때 우리 역사는 새롭게 창조될 것이다.

영광의 상처

육사 생도시절 축구선수로 활약했던 나는 체구가 작은 반면에 센터하프였던 포지션 덕분에 점프 헤딩, 슬라이딩 태클, 오버헤드 킥 등을 주 무기로 삼았고, 게다가 '힘은 질량 곱하기 가속도(f=ma)'라는 물리학의 법칙을 적용하여, 스피디하게 몸으로 부딪히는 군대식 저돌적인 축구를 구사하는 데는 이력이 붙어 있었다. 그 무렵(60년대 초)만해도 서울 근교에 잔디구장으로서는 태릉 육사, 동작동 국립묘지, 부평 경찰전문학교, 그리고 안양 금성방직 등 네댓 군데 밖에 없었던 것으로 기억한다. 따라서 국가대표 선수들의 합숙훈련 겸 연습경기가 주로 태릉구장에서 빈번하게 전개되었었다.

연례행사로 전개되어 오던 3군 사관학교 체육대회에 대비하여 필승을 목표로 맨투맨 작전에 임하려다 보니, 키가 작은(표준키) 나는 상대방 팀(해사, 공사)의 최장신 센터포드와 싸워 헤딩으로 제압하기 위해 무던히도 땀을 흘려왔었다.

2중 점프! 국가 대표선수 출신 중에 내가 비교적 호감을 갖게 된 선수로는 헤딩 시에 2중 점프(일단 점프를 하고 나서 공중에서 다시 한 번 도약하는)에 능했던 이영무, 신현호 선수를 나는 특히 통쾌한 선수로(점프헤딩을 할 때면) 좋아하기에 이르렀다.

나중 일이지만 내가 전방부대 지휘관으로 근무시 '할렐루야 축구단'과 '임마누엘 축구단'을 따로따로 초청하여 친선경기를 가졌으므로, 각각 2중 점프의 명수인 두 선수와 연병장에서 겨루기(?)를 하면서 함께 땀을 흘렸던 때, 그 두 분들에게 '2중 점프의 명수'라고 각각 칭찬을 해주면서, 나도 그렇다는 칭찬을 받고 함께 웃었던 기억이 새롭다. 4학년 생도시절 방첩부대(CIC) 팀과 친선경기를 하게 되었는데, 공중에 높이 뜬 볼을 특유의 2중 점프 위력을 발휘하여 내 이마에 볼을 맞히게 되자마자, 방첩부대 팀의 센터포드 선수가 나의 등을 떠받쳤다가 내 몸이 밑으로 떨어지는 순간, 갑자기 몸을 옆으로 빼면서 훼방을 놓는 바람에, 나는 어처구니없게도 무방비 상태에서 땅바닥에 그대로 등허리가 한꺼번에 쿵! 하고 아스팔트 바닥에 개구리 패대기쳐지듯 나가떨어지고 말았는데, 한동안 숨을 못 쉴 정도로 고통스러웠으나 겨우 일어나서 정신력으로 버틸 수 있었다.

돌이켜 생각해 보면 또 한 번 그런 고통스런 사건이 있었으니, 그해 가을 제45회 전국체육대회(1964)가 인천에서 개최되었는데, 마침 육사팀이 경기도 대표선수로 출전하여, 부산대표 동아대를 예선에서 제압(1 : 0 승)하고, 이어서 속개된 경남대표 해군사관학교와 부평 경찰전문학교 잔디구장에서 준결승 경기를 실시 도중, 해사 센터포드 선수와 공중 볼을 처리하기 위해 2중 점프 실력을 유감없이 발휘하여 볼 처리를 제대로 하긴 했는데, 공교롭게도 볼을 겨냥했던 해사 선수의 이마가 나의 좌측 관자놀이 부분을 가격하게 되어 기습적으로 급소를 강타당한 나는, 그 자리에서 의식을 잃고 쓰러지게 되었고, 곧이어 하프타임을 맞게 되자 휴식시간에 가까스로 의식을 되찾아 후반전에 거의 무아지경 상태에서 반사적으로 뛰어다니던 악전고투 끝에, 2 : 1로 신승을 거두긴 했으나 경기 종료 후 또다시 의식을 잃은 채 적십자병원으로 후송되어 응급치료를 받았던 아찔한 사건이 있었다.

결국 그 두 가지 사건으로 육사를 졸업하기 직전 종합 건강검진 때, 흉부 X-RAY 촬영 결과가 심상치 않다는 통보를 받고 다시 촬영하여 정밀분석 결과, '좌측 횡격막(橫膈膜) 비후증'이라는 해괴한 판정을 받게 되었는데, 군의관 말에 의하면 본인도 모르는 사이 심하게 늑막염을 앓은 흔적이 선명하게 남아있다는 것이었다. 약을 먹어도 달라지지 않고 또한 약을 먹을 필요도 없건만 어차피 지워지지 않는 변함없는 흔적으로 흉부 X-RAY 필름에 선명하게 남아있는 '좌측 횡격막(橫膈膜) 비후증'!

그 후 파월을 위한 신체검사 시에도 '좌측 횡격막(橫膈膜) 비후증'이란 진단 결과였으니, 해마다 장교 정례신검 때가 되면, 나는 반드시 사전에 옛 필름을 지참하고 담당군의관을 찾아가 '좌측 횡격막(橫膈膜) 비후증'에 관한 해박하고도 전문적인(?) 설명 등의 실력발휘를 통하여 불합격 판정을 모면할 수 있었으니…….

또 한 번은 ○공수 특전여단 인사참모로 근무하면서, 역시 전해에 이어 중앙정보부 피교육생인 정규 12기생의 공수교육을 전담하게 되어, 교육대장으로서 단체 구보를 인솔하던 도중 모형문 조교인 의무대

선임하사(강 상사)가 얼굴이 샛노래진 채 매우 근심스러운 얼굴로 나에게 다가와서 하는 말,

"교육대장님! 큰일 났습니다. 수도 통합병원에서 대장님 X-RAY 촬영 결과 상태가 안 좋아서 당장에 입원 후송명령을 발령하라는데요?"라며 걱정스레 내게 물었다.

"아 그거! 별거 아니요. 내가 이번엔 깜빡 잊었군. 담당 군의관에게 사전 통보한다는 것을……."

다시 한 번 옛 필름을 들고 담당 군의관을 찾아가 장황스럽게도 '좌측 횡격막(横膈膜) 비휴증'에 관한 해명성 설명을 하고 나서야 겨우 진정될 수 있었으니 말이다.

수십 년이 지난 지금에도 생도시절 과격한 운동 후유증으로 내 가슴에 영원히 남아 지워지지 않는 상처, 좌측 횡격막(横膈膜) 비휴증! 영광의 상처다.

늙어간다는 것에 대한 반란일까 요즘 들어 옛날 생각이 자주 나는 것은 벌써 추억을 먹고 사는 나이가 되지 않았나 하는 생각이다.

※ 횡격막(横膈膜) : 포유동물의 복강과 흉강 사이에 있는 근육성의 막(폐장의 호흡을 도움).

청와대 비서관

언제부터인가 우리나라 정치계와 대기업에 잘못된 특권의식이 있고 알려지지 않았을 뿐 '갑'질이 많다. 이번 '땅콩회항 갑질사건'은 몸으로 치면 뾰두라지 증상이라고 한다. 서글프게도 이 나라 곳곳에 재물에 눌리면서, 권세에 갇히면서, 명예에 걸리면서, 탐욕에 막히면서, 애착에 빠지면서 대부분이 그렇게들 살아간다. 어제도 그리 살았고 내일도 그리 살아갈 터이다. 재물과 권세와 명예의 노예가 되었고, 탐욕과 애착의 포로가 되어서, 그렇게들 살아들 가고 있다. 나는 젊은 날의 기억이 잊혀지지 않는다. 청와대 비서관이라는 특권 아닌 특권을 지고 거들 떨며, '백'을 행사하려는 인간을 무참히 꺾어버린 일이 있었다. 전방부대 대대장으로 근무 시 있었던 일이다.

"3대대장입니다."

"윤 중령이야? 나 사단 참모장인데 일과 후 홍천시내 ○○다방에서 차 한 잔 하세."

갑작스런 호출을 받고 서둘러 나가 보니, 사복차림의 낯선 얼굴 두 사람이 참모장과 함께 기다리고 있었다. 알고 보니 청와대 비서실 사정반에서 근무하는 사람들로, 한 분은 육사 대선배인 현역 K모 준장인데, 참모장과는 육대 교관시절 함께 근무했던 각별한 사이라 했으며, 다른 한 사람은 O군 사관학교 교관을 역임한 예비역 대위 S비서관이라 했다.

나는 이틀 전 우리 대대에서 있었던 불상사를 언뜻 떠올렸으나 짐짓 모르는 체 시침을 떼고 앉아 있었다. 사단 참모장은 나의 육사 4년 선배요, K장군은 참모장의 5년 선배이니 그분은 나보다 9년 선배인 셈이 되고, S비서관은 연령으로 보아 나보다 5~6년 아래였는데 시종일관 S비서관이 번데기 앞에서 주름을 잡으려고 작정을 하고 왔는지, 분위기를 리드해 나갔고 처음부터 안하무인격으로 거드름을 피우는 것으로 보아 마치 대대장인 나를 겁이라도 주려고 잔뜩 벼르고 온 사람 같았다.

"어이! K장군. 그런데 말야. 요즘 대대장들이 대체적으로 패기가 없는 것 같아."

S비서관의 말이 떨어지기가 무섭게 순간적으로 나의 시선에 불꽃이 일었다. 이윽고 격앙된 시선으로 노려보는 나를 의식했던지, 아니면 아차 실수라 생각되었던지 그가 얼른 취소하려고 안간힘을 썼다.

"참 내 말은 당신(나를 지칭함)같은 육사출신이 그렇다는 게 아니라……."

다짜고짜로 당신이란 말에 나도 모르게 버럭 소리를 질러댔다.

이번엔 내가 겁을 줄 차례였으므로,

"야! S비서관. 너 나를 언제 봤다고 당신, 당신 하고 난리야 이놈아!"

"너 S하사 형이지? 도대체 너 말야 몇 살이나 됐어?"

갑작스런 S하사의 형 아니냐는 나의 서슬 시퍼런 질문에 놀라 자빠질 뻔했던지, "예?"라고 그가 깜짝 놀라 눈이 휘둥그레져 가지고 나를 응시했다.

"보아하니 청와대 비서실 사정반에서 귀한 자리를 더럽히고 있는 모양인데 정말 눈뜨고 볼 수 없군 그래."

"뭐라고요?" 처음엔 엉겁결에 다소 움츠러드는가 싶었는데, 순간적으로 자존심이 되게 손상당했다 싶었던지 눈꼬리가 치켜 올라가는 게 보였다.

"아니 이 사람아. 당신 눈에 보이는 게 없어? 뭐 어이 K장군? K장군이 네 친구야 이놈아?"

그도 기세가 만만치 않아 보였다. 즉각 반격을 취하려는 듯한 험악한 눈초리로 나를 뚫어지게 바라보는 것이었다. 나는 잠시도 틈을 허용하지 않고 몰아붙였다.

"K장군님은 나의 육사 9년 선배시고, 자네는 나보다 대여섯 살 아랜 줄 아는데, 그렇다면 K장군님은 네놈보다는 15년이 위인 셈야. 그래도 어이 K장군이야? 장군이 네 친구야 부하야 이××아? 이 형편없는 놈 같으니."

극도로 흥분한 나는 당신, 너, 놈, 자네, 이×× 등으로 호칭을 닥치는 대로 불러대며 호통을 쳤다. 그도 이젠 더 이상 참을 수가 없었던지 주먹을 쥐고 자리에서 벌떡 일어섰다. 때는 이때다 싶어 나도 자리에서 일어났다.

"참모장님, 선배님(K장군님) 죄송합니다. 요즘 대대장들 패기가 없다는데 제가 이놈 버릇 한 번 고쳐 주겠습니다. 야 S비서관! 너 좀 이리 나와. 나와 보란 말야, 이놈아!"

"아니 여보쇼! 말이면 단줄 알아? 나보고 야라고?"

S비서관이 성난 얼굴로 응수해왔으나 갑작스런 두 분의 강한 만류가 있었으므로 상호 멱살을 잡으려던 직전에 불상사는 모면할 수 있어 다행이었는데, 그와의 격한 설전은 잠시 계속 이어졌다. 불현듯 이틀 전에 있었던 불상사가 떠오르는 것이었다.

12중대 일직사관 P중위가 일조 점호에 불참한 S하사를 과격히 다루어서 발생된 상관폭행 하극상 사건이었다. 기상 후 일조 점호 시간임에도 불구하고 마침 내무반에서 취침중인 S하사를 서너 차례 데리러 보냈으나 이에 불응하자 주번사관 P중위의 알량한 자존심상 그대로 지나칠 수 없어 혼 한 번 내주려던 것이 그만… 화근이 된 것이다.

"S하사! 점호에 참석해야지. 이게 도대체 뭐하는 짓이야?"

"나. 죽어도 못 일어나. 어디 한 번 해볼 테면 해보시지."

"뭐라고? 이 ○○이. 퍽!"

P중위가 침상에 누워있던 S하사의 모포를 걷어내면서 군화발로 S하사의 등을 걷어찬 것이다.

"어느 놈이 감히 나를 때려? P중위 이놈아! 장교면 다야? 내가 OOO야? 발로 나를 차게. 너 이제 나한테 한 번 죽어 봐!" S하사는 기다리기라도 했던 것처럼 자리에서 벌떡 일어나 왜소하기 이를 데 없는 P중위를 감히 무수히 구타했더란다.

P중위는 ○○출신으로 이제 불과 20여 일 후면 전역을 하게 되는데 마지막 주번사관 근무 중 돌발적인 불상사를 당하게 된 것이었다. 엉겁결에 반격을 당하는 바람에 끼고 있던 안경은 날아가 박살이 났고 코피가 터진 채 이빨이 두 개나 부러진 끔찍한 사고였다.

상관폭행 하극상! 도저히 용서받을 수 없는 사건이 발생했는데도 중대장 K대위는 자신의 무능을 문책당할 것이 두려웠던지 너덧 시간 은폐해오다가 뒤늦게 발각(대대장 인지)된 셈이었다. 나는 즉시 사단 헌병대장에게 전화를 걸어 헌병 백차를 사이렌 울리면서 출동해 줄 것을 요청한 뒤, 대대 전 장병이 모인 자리에서 S하사를 수갑 채워 압송한 후 연대장에게 지휘보고를 취한 바 있었다. 헌데 이틀이 지나 S비서관이 그 소식을 듣고 선배를 해결사로 앞세워 구명운동 차 나를 찾아온 것인데, 도대체 안하무인격으로 시선이 곱지 않았었다.

"망아지만도 못한 당신 동생 때문에 P중위가 지금 병원에 입원해 있다고. 당신도 P중위가 맞은 만큼 나한테 한 번 맞아볼 거야?"

"청와대만 근무하면 다야? 여기 청와대 백 없는 놈 누가 있어? 대한민국 국군 장병은 전부 대통령 부하야. 청와대 백이라고 이 사람아!"

"당신 정신 좀 차려야겠어. 당신 동생 용서받을 수 없는 하극상 상관폭행죄로 군법회의에 회부되어 있어. 보아하니 동생 구명 운동하러 온 모양인데 어림없는 소리니 그냥 돌아가. 어서 썩 꺼져!"

청와대 비서관이라고 기고만장했던 행동거지에 거들 떠는 찌꺼기를 털어내니 독립운동이라도 한 기분이었다.

"참모장님, 그만 가겠습니다. 선배님, 초면에 대단히 죄송합니다만 뭐 저런 놈에게 당하고 계십니까? 저런 사람과 앞으로 가까이 하지

마십시오. 장군 체면 손상되겠습니다."

찍소리 한 번 못하고 얼굴 붉힌 채 어안이 벙벙해진 S비서관을 뒤로하고 획 돌아서 나왔다. 마치 전쟁에서 승리한 군인처럼 위풍당당한 내 모습이었다고 기억된다.

이튿날 참모장으로부터 전화가 왔다.

"야! 윤 중령! 어제 너 참 잘했어. 속이 후련하더라."란 말을 들으며 한 번 씨익 웃었다.

겸손은 우리 인간이 갖추어야 할 최고의 덕목이다. "겸손은 인생에서 발생할 수 있는 온갖 변환에 대한 마음의 준비를 해주는 유일하고도 진정한 지혜이다."라고 조지 알렉스가 말했다. 겸손하다는 것이 자신감 부족을 뜻하는 것은 결코 아니다. 겸손이란 자신의 한계와 다른 사람들에게서 도움과 지도를 받아야 하고 혼자서는 일을 완벽하게 할 수 없다는 사실을 스스로 인정한다는 뜻이다. 복잡하고 급변하는 세상에서 자기 혼자서는 살아갈 수 없다는 사실을 인정하면서도 자신에 대한 자신감은 충분히 가질 수 있는 것이다. 청와대 비서관이라는 인간도 겸손한 태도로 부탁을 했어야 한다. 그랬어도 도와줄 수 없는 사건이었지만. 이번 '땅콩회항' 계기로 우리 사회에 만연된 잘못된 특권의식을 근본적으로 치료해야 한다. 이번 일을 계기로 그것만 없앨 것이 아니라 왜 이런 일이 생기는가를 근본적으로 치료하는 쪽으로 방향을 잡아야 하리라.

■ 임현도 편

선생님 엄마

새벽에 잠이 깨면 명상을 시작한다. 지나간 일들을 기억 속에서 끌어내어 되새기다 보면 마음의 무거운 짐들이 비워지고 머리가 맑아진다. 아내, 어머니, 교사로 손색없이 살려고 노력했지만 나 때문에 상처를 입은 사람들이 떠올라 부끄러움과 뉘우침으로 가슴이 저민다. 진심으로 용서를 빌고 싶지만 이제는 회한으로만 남는다.

딸아이 등교를 도와주는 아줌마가 갑자기 사정이 생겨, 일 학년 어린 딸을 데리고 출근했다. 아이는 엄마 손을 잡고 신이 나서 깡충거리며 흥얼댄다. 나도 내심 기분이 좋아 노래를 따라 부른다. 아이 입학식에 참석하지 못한 기억이 떠올라, 미안한 마음에 잡고 있는 고사리 손에 힘을 준다. 아프다는 말 대신에 흘낏 쳐다보며 찡끗거리는 코웃음이 한없이 귀엽다. 깜찍하고도 예쁜 아이를 보면서, 하루 종일 엄마를 기다리며 외롭게 지내야만 하는 딸이 오늘따라 더 측은하다. 자식을 보살피고 건강하게 키워야함에도 직장생활 때문에 아이에게 충실하지 못한 어미가 미안하다.

딸아이와 함께 교실에 들어서자 우리 반 아이들은 의아한 표정을 짓는다. 고학년이라 그런지 선생님의 딸이라는 것을 금방 알아차리고 우르르 몰려든다. 인형처럼 귀엽다고, 쓰다듬고 옷도 매만지면서 예뻐한다. 잠시 긴장한 딸은 언니들의 친절함에 배시시 웃고 묻는 말에 대답도 곧잘 한다. 그 광경을 보는 나는, 교사가 아닌 엄마가 된다. 앞줄에 앉은 딸은 그림을 그리는 일에 집중한다. 그러나 반 아이들은 힐끔힐끔 쳐다보고 끼리끼리 속삭이는 바람에 분위기가 어수선하지만 혼을 낼 수가 없다. 쉬는 시간이 되자 언니들과 장난치는 소리가 요란하다. 오늘은 그 소리가 전연 소란하게 들리지 않는다. 자기를 좋아해 주는 언니 오빠들에 둘러싸인 딸아이는 오늘만큼은 자기 세상을 만난 듯 행복해 한다.

오후반인 딸이 자기 학교로 가야할 시간이 다가왔다. 마침 체육시간이 되어 우리 반 아이들에게는 피구놀이를 시켰다. 게임에 열중한 아이들은 온통 놀이에 정신이 팔린다. 틈을 타서, 버스를 타고 내리는 모습이 훤히 보이는 교문 밖으로 딸을 살짝 내보냈다. 딸의 학교가 종점에 있어서 버스만 타면 곧장 등교할 수 있어서다. 어깨에 멘 책가방이 아이 등보다 커서 가느다란 두 다리로 아장거리며 걸어가는 모습이 병아리처럼 예쁘기 그지없지만 혼자 가는 모습이 마음에 걸린다.

일단 교문을 빠져나가는 것은 눈으로 확인했는데 횡단보도를 건너는 모습이 보이지 않는다. 아차! 그런데 아이가 반대편 버스를 타고 있다. 정류장 위치를 정확하게 알려주지 않아 착오를 일으킨 듯하다. 순간 눈앞이 노래진다. 세상이 빙글빙글 돌며 온 몸에 힘이 쭉 빠진다. 옆

반 선생님께 우리 반을 부탁했다. 버스가 지나갔을 시간을 대충 짐작해서 재빠르게 택시를 잡아탔다. 한참 달려갔으나 그 차를 알 수가 없다. 앞질러 온 것 같아 교통경찰에게 상황을 설명하고 간절하게 도움을 청했다. 몇 대의 버스를 비상 정차시켜 주었다. 미친 사람처럼 버스에 올라 딸의 이름을 불러댄다. 딸아이를 찾지 못하고 후들거리는 다리를 추슬러 다음 버스를 기다리는데 시계가 멎어버린 듯하다. 초조함으로 길바닥에 풀썩 주저앉았다 일어서기를 반복했다. 낯선 곳에서 엄마를 애타게 부르며 울고 헤맬 딸의 모습이 떠오르다가도 금세 남의 손에 이끌리어 어디론가 사라져 가는 뒷모습이 아른거린다. 넋이 빠진다. 영원히 미아로 남을지도 모른다는 불안감에 발만 동동 구를 뿐이다. 차들이 질주하는 네거리에서 목을 빼고 기다리며 지나가는 버스 창을 확인해 보지만 딸의 모습은 보이지 않는다. 아침부터 딸이 불쌍하다는 생각이 들고 마음 한구석이 심란했던 것이 지금의 불행을 예견한 것일까? 그 해는 유난히 유괴 사건이 많았던 터라 불길한 생각에 가슴이 미어진다.

버스회사에 전화로 알렸다. 파출소와 소방서에도 신고하고 제발 무사히 돌아오기를 빌고 또 빌었다. 생각할수록 참담해지고 끝없는 나락으로 추락하는 듯하다. 아무 대책 없이 연락만을 기다린다. 쏟아지는 눈물을 주체할 수 없어 책상에 엎드려 계속 울기만 한다. 그때 전화벨이 울렸다. 차고지에 조그만 여자아이 하나가 내리지도 않고 그냥 자리에 앉아 있단다. 벌떡 일어나 큰 소리로 외쳤다.

"'그 아이가 제 딸입니다."

점심을 먹지 않은 것 같아 빵과 우유를 먹였다는 기사님의 음성이

천사의 소리다. 불안과 초조의 지층이 한꺼번에 녹아내리며 사라진다.

엄마의 부주의로 하마터면 미아가 될 뻔한 아찔했던 기억 속의 딸은 어느새 두 아이의 엄마로 행복한 인생을 살고 있다. 엄마를 따라 교사의 길을 권유했지만 딸은 약대로 진로를 바꾸었다. 약사는 아이를 돌보면서 일할 수 있단다. 함께 있어 주지 못한 엄마를 탓하지 않고 자기 자녀를 잘 키워내는 딸이 고맙다. 그리고 미안하다.

삼[大麻]밭 짓는 아버지

어릴 때 기억이 떠올랐다. 진주 남강 줄기인 덕천 뚝방을 따라 넓은 삼밭이 있었다. 아버지도 삼 농작을 하셨는데 밭 근처에 얼씬도 못하게 금지령이 내려졌다. 우리는 그저 신비스런 작물이 있다는 것으로만 알았었고, 어린 시절을 삼밭의 미스터리 속에서 자랐다.

소를 몰고 뒷산에 오르면 눈 아래 바둑판 모양으로 펼쳐지는 농작물의 감동적인 색감을 볼 수 있다. 유화 물감으로 그려낸 그림 같이 아름다웠다. 멀리서 보아도 삼밭은 쉽게 눈에 띄었다. 강바람이 언덕 아래로 휘몰아치면 삼밭 전체가 거대하게 일렁거렸다. 키 큰 삼나무 잎이 바람 방향 따라 흩날릴 때는 파도에 부서지는 물결 같아 시선이 오래 멈춰지곤 했다. 그때마다 바위에 앉아 뜰 풍경을 바라보는 습관이 생겼다. 향긋한 풀 냄새가 강 쪽으로 사라지고 해가 서산에 걸릴 때 쯤 소를 몰고 집으로 돌아왔다.

아버지가 늘 경계했던 다년생 삼 작물은 4월 초순에 심어 칠팔월에 거둔다. 거둘 때가 되면 삼칼로 잎을 쳐내어 단단히 다발로 묶는다. 큰 철깡통으로 삼굿 가마를 만들어 물을 붓고 푹 삶는다. 시간이 되면 동네 어머니들은 삶은 삼단을 꺼내기 위해 모여든다. 벗긴 껍질을 주인에게 주고 하얀 속대만 집으로 가져갔다. 횡단면이 둔한 사각으로 속이 비어있는 껍질 벗긴 삼대를 우리는 제릅이라고 불렀다. 5미터 정도 되는 제릅은 신축성이 있고 안전해서 별다른 장난감이 없던 그 시절 우리들의 유일한 놀이 도구였다. 주로 칼싸움 놀이를 했다. 장대같이 긴 제릅을 휘두르며 상대방의 몸을 먼저 공격하는 펜싱 같은 경기였다. 재주껏 몸을 피하며 뛰는 운동이라 온 몸이 땀에 흠뻑 젖었다. 일상생활에서도 유익하게 사용되었다. 발을 만들어 문지방의 햇빛 가리개를 하고, 줄줄이 엮어 이동 돗자리로도 사용했다. 짐승이나 강아지의 피해를 막기 위해 텃밭의 담장 역할도 했다. 바짝 말린 제릅은 연기가 나지 않아 고급 땔감으로 아껴 사용하기도 했다. 여러모로 쓸모가 있다 보니 삼대 제릅은 인기가 많았다.

벗긴 삼 껍질인 삼미는 여럿이 모여 가늘게 짼다. 왼쪽 엄지에 휘감아 쥐고 손톱 끝으로 머리 쪽에서부터 쪼개 손가락 사이사이에 넣고 한꺼번에 훑어 내린다. 삼 머리와 아래 끝을 이으면 실이 된다. 물레를 돌려 도뱅이를 하고 엉키지 않게 타래로 만든다. 세척과 건조를 반복해 씨줄과 날줄을 만들기 위해 쌈적(실뭉치)을 한다. 몇십 번의 복잡한 수공을 거쳐 대마가 된다. 겨울밤은 온 동네가 베 짜는 틀 소리로 하모니를 이룬다. 엄마가 불러주는 자장가처럼 감미로운 소리를 들으며 잠이 들곤 했다.

우리 고장에서 생산한 삼베는 올이 고와 삼베 특산물로 지정되었다.

삼베는 친환경적으로 숨 쉬는 직물로 수분이나 흡수력이 뛰어난 인피 섬유다. 자외선을 차단하는 삼베옷은 동네 사람들이 여름 내내 즐겨 입었다. 천 자체에 항균성과 해독성이 있어 집집마다 홑이불을 만들어 시원하게 덮고 잤다.

삼 잎은 땔감으로 사용했다. 여러 개의 잎이 붙은 손바닥 모양의 삼 잎은 독특한 향기도 있다. 삼 잎으로 소죽을 끓이는 날이었다. 그날은 주위의 공기가 형용할 수 없이 맑고 좋은 기분이 들었다. 나도 모르게 아궁이 쪽으로 발길이 옮겨졌다. 신선한 바람이 회오리처럼 몸을 감싸고 그 기운을 놓칠세라 코로 숨을 자주 들이마셨다. 알 수 없는 이유였지만 삼 향기가 좋다고 생각했다. 그 짜릿함을 느끼기 위해 나는 삼 잎으로 땔감을 사용할 때만 소죽을 끓였다. 그러나 빨리 연소되어 며칠 동안 사용하면 삼 잎이 동이 난다. 늘 아쉬웠다. 맑은 공기가 좋았던 아궁이 앞을 지나면 삼 잎 땔감이 그리워졌다.

삼 껍질을 다듬고 남은 불량한 껍질은 둘둘 말아 한쪽 구석에 보관을 했다. 짐을 포장하는 노끈으로 요긴하게 사용했다. 질감이 가볍고 튼튼해서 물건을 묶는 실, 밧줄, 노끈으로 안성맞춤이다. 서울로 시집와서 친정에서 보낸 택배를 찾으러 갔을 때였다. 서울역 서부 수화물센터에는 짐 더미가 산처럼 쌓여 있다. 대부분 시골에서 올라온 농산물들이었다. 짐에는 턱없이 작은 손바닥만한 꼬리표 하나만 달려 있다. 책임자가 일일이 물건을 확인하며 찾고 있는 동안 나는 내 수화물을 먼저 찾을 수 있었다. 아버지가 보낸 짐에는 단단히 묶여 있는 삼 줄이 눈에 확 띄었기 때문이다. 삼끈에서 아버지의 눈빛을 보는 듯했다. 매번 농산물이 배달될 때마다 삼 껍질이 요긴하게 쓰였다.

삼 작물은 껍질 삼미와 제릅, 삼 잎까지 어느 하나도 버릴게 없어 우리 생활에 유익하게 사용되었다.

세월이 지난 후에 환각제라는 대마의 정체성도 알게 됐다. 무겁게 입 다물고 삼밭을 가까이 하지 못하게 하신 아버지의 마음을 읽게 되었다. 삼[大麻]밭 짓는 아버지 삼 사랑을 그때서야 깨달았다.

그때 아버지는 대마초의 사실을 알고 있었을까? 이유도 설명도 없이 얼씬 못하게 한 아버지의 엄격한 관리에 고마움을 느꼈다.

아버지에 대한 짙은 그리움을 되새김질 할 때마다 아버지는 나보다 먼저 환한 미소로 찾아와 나의 처진 어깨를 두드려 주신다. 예순이 지난 나이임에도 아버지 앞에 응석부리는 딸의 모습은 그 어느 순간보다 행복하다.

빈방에서 부르는 노래

추적추적 내리는 가을비로 집이 더 썰렁하다. 온 가족이 함께 기거할 때는 그다지 큰 줄을 몰랐는데 다들 분가해서 나가자 공간만 넓은 큰 집으로 남았다. 이 집으로 이사 온 후, 제일 먼저 하고 싶었던 것은 식구들에게 근사한 방을 선물하는 일이었다. 각자의 개성을 살려 상징성 있게 예쁜 방 하나씩을 만들었다. 교실의 반 표시처럼 특이한 삽화를 넣어 방 이름의 푯말을 문 앞에 걸어 두었다. 초등학교 선생티를 집에서도 낸다고 방문하신 분들은 깔깔 웃었지만 나중에는 모두가 감탄과 박수를 보냈다.

큰아들이 결혼과 함께 분가한 후 아들에게 쓴 편지를 벽지로 만들어 한쪽 벽면을 리모델링했다. 건축박람회를 관람하다가 우연히 주문식 벽지 코너를 보고 신청한 것이다. 가끔씩 아들이 보고플 때는 아직도 체취가 남아있는 빈방에서 편지글을 읽는다.

큰아들!
알뜰히 묻었던 너 어느새 자라나서
새 가정 꾸민다 하니
성큼 다가서는 새 하늘을 느낀다.
기쁨을 한껏 알린 보배 같은 울음소리
세월이 빠르다더니
네 나이 벌써 스물아홉이구나.
엄마 눈에 서린 이슬로 물 뿌리듯 할 테니
고운 꽃 피우거라. 탐스러운 열매 맺고
내 나무 한 가지를 거침없이 가져다가
튼튼한 울타리 만들려무나.
귀인이 되어라, 나의 아들아!
하늘과 땅 사이에 금자탑을 세우거라.

썰렁한 빈방은 어떤 것을 채워도 옛날의 따뜻한 온기로 돌아오지 않았다.

시집 간 딸 방에 들어선다. 크고 작은 수많은 나비가 춤을 추는 벽지에 시 한 편을 벽면에 채운다. 너울거리는 나비의 모습이 온 몸을 감아 돌라 애잔한 섭섭함으로 가득 차 있다.

딸아!
봄꽃 다투어 피어나는 계절
꽃보다 더 화사한 나의 종달새

이 새봄에 둥우리 속 벗어나 훨어훨 깃을 치며 날으려는구나.

부모 텃밭에서 살포시 뿌리 내려 고운 나무 되더니

어느새 예쁜 둥지 틀려는구나.

투정 한번 없이 오히려 바쁜 엄마 챙겨주고 보듬어주던

대견한 너 있어 행복했고

사랑스런 너 있어 뿌듯했던 나날

그 많은 세월의 인내 새 기쁨으로 부화하여

영롱히 빛나는 오늘 인생의 팡파레가 울려 퍼진다.

네 마음의 꽃송이처럼 항상 웃으렴.

엄마라는 큰 강에 쪽배만 남기고 주인을 잃어버린 빈 방에 문을 닫는다.

어느 장소에서나 기쁨을 안겨주어 딸 같은 작은아들이 신집 살림 차려 나갈 때 텅 빈 가슴이 시려 많이 울었다. 아쉽고 보고 싶으면 부르는 노래가 있다.

작은아들!

너를 얻던 날 하늘은 기쁨의 날갯짓

온 집안엔 행복의 물결

자라는 순간순간 즐거움 가득 선물한

자랑스런 복덩이

아빠 잃은 슬픔으로

암흑바다 헤매는 엄마

손잡아 이끌어 준

고마운 등대

꽃향기로 물든 축복 받은 오늘

온 세상은 너의 것

보석보다 빛나는 나의 아들아!

푸른 꿈 안고

새 보금자리에서

네 나래를 펼쳐라

아빠 꼭 닮은 지혜로운 용기로 새날 향해 힘차게 힘차게 걸어라.

엄마의 손발이 되어 주던 작은아들이 제 짝 찾아 떠나는 날 이제는 혼자라는 생각에 서러웠다. 자식을 떠나보낼 줄도 알아야 하는데 준비가 덜 된 엄마였다. 내 품에 안기어 키운 30여 년이다. 제 짝 찾아 웃으면서 집 떠난 자식을 엄마는 늘 그리워한다.

오늘도 빈방에서 부르는 노래는 오순도순 즐거웠던 가족들의 옛 추억의 모습을 그려보았다.

그가 남기고 간 선물

호랑이는 죽어 가죽을 남기고 사람은 이름을 남긴다고 했다. 그래서인지 사람들은 이름을 남기기를 좋아한다. 중국의 명산에는 적색이나 황금색으로 새겨 놓은 시인묵객들의 시와 이름을 자주 볼 수 있다. 이것이 부러웠는지 북한의 명산 바위에는 김 주석의 이름을 많이 새겨 놓았다. 이렇게 유명인사가 못된 평범한 사람들은 관광지에다 이름을 새겨 놓아 눈살을 찌푸리게 하고 국제적으로 말썽을 부리는 경우도 흔하다.

나이가 들어가며 조문을 갈 기회가 많다. 그때마다 명인의 사진을 보며 이분은 몇 살까지 어떻게 살다 가셨는가에 관심을 갖게 된다. 어떤 일을 하며 자녀들을 어떻게 키워 놓았는가에 따라 이분은 참 훌륭한 생을 살았구나 생각하며 다시 한 번 경의를 표하게 된다. 시인 버나드 쇼는 '그럭저럭 살다보니 이렇게 되었다', 중광 스님은 '괜히 왔다 간다'고 묘비명에 남겼다. 아무렇게나 살다가 덧없이 가는 삶보다 보람 있고 알차게 살며 자녀들을 훌륭하게 키워 놓았을 때 그분을 옆에서 보는 사람도 흐뭇할 진데 본인은 얼마나 후회 없는 삶을 살았다고 생각했을까 부럽기도 했다. 남의 일 같이 느껴지지 않는다.

며칠 전 70대 후반의 할머니가 병원에 찾아오셨다. 약간 작은 키에 피부도 고와서 참 곱게도 늙으셔서 어느 부잣집 마님같이 귀티가 났다.

"선생님! 눈 밑에 불룩한 지방을 빼 주셔요."

"연세가 많으신데 그냥 사시지요."

"우리 할아버지가 꼭 빼라고 하셨어요."

너무 말리는 것도 어른의 뜻을 어기는 것 같아 조심스럽게 수술을 마쳤다. 생각보다 협조도 잘 하셔서 성공적으로 끝맺었다.

"수술비는 할아버지가 주셨어요?"

"예."

"할아버지는 할머니를 무척 사랑하시나 봐요. 다른 분들은 늙은이가 더 예뻐져서 뭐하려고 고생하느냐며 말리는데 수술비까지 주시니까 말이요."

"글쎄요, 저에게 많이 주고 가셨어요."

많이 주고 가시다니 말 뜻이 아리송했다.

꼭 2개월 전에 뇌경색으로 돌아가셨다는 것이다. 조의금이 많이 들어와서 그 돈으로 수술을 하신다고 하셨다. 해머로 뒤통수를 맞은 것 같아 한동안 멍했다. 잘못 들었는가 아니면 착각이 아닌가 싶었다. 차라니 잘못 듣기를 바랐다. 가슴이 아려왔다. 한참만에야 할머니의 대답을 듣고 안심이 되었다. 생전에 지방주머니를 없애야 되겠다고 자주 말씀하신 것에 대한 미망인으로서 망자에 대한 예의가 아니냐고. 그리고 천국에서도 많이 기뻐하실 거라고 하셨다. 훗날 할아버지를 만날 때 몰라볼까 봐 꼭 이름표를 달고 가시라는 농담으로 가라앉은 분위기를 되살려 놨다.

든 자리는 몰라도 난 자리는 안다고 했다. 옆에 있을 때는 잘 모른다. 없을 때 그 사람의 위치나 가치를 알 수 있다. 살아 있을 때보다 떠난 후에 모든 평가가 드러나게 되는 것이 원칙이다. 내가 떠난 후에 남은 발자취를 더듬어 본다. 생전의 성적표, 부모로서 몇 점이나 될까. 먼저 갈 때 나는 집사람에게 무엇을 남겨 놓고 갈 것인가에 초점을 맞추어본다. 남편으로 할 일을 다 했는가? 평소에도 나더러 집사람은 죽은 후의 일을 걱정한다고 핀잔을 자주 해오고 있다. 자녀들은 어머니에게 맡겨 놓지만 집사람은 울타리를 잃어버린 빈집처럼 허전하지 않을까. 어떤 지인이 남편이 돌아가시며 "아이들은 당신에게 맡겨 안심이 되는데 당신은 누구에게 맞기지? 내가 먼저 가게 되어 미안하오."라며 눈을 감았다는 말을 듣고 눈시울이 젖었던 일이 생각난다. 나는 노후를 대비하여 기껏해야 보험 몇 개 넣어 놓은 것이 고작이다. 고향에 다녀오다 보면 묘를 크게 써 놓고 상석이며 비석을 요란하게 세워놓고 장식해 놓은 왕릉 같은 묘를 자주 보게 된다. 저분의 자녀들은 살아계실 때 얼마나 잘 모셨을까 생각해 본다. 노후를 대비하는 것도 중요하지만 옆에 있을 때 몸과 마음을 편하게 해주는 것이 더 중요하지 않을까?

나는 이 시(詩)를 이렇게 썼다
- 사람이 개보다

중세 영국의 패권주의는 하늘 높은 줄 모르게 날뛰었다. 해가 지는 날이 없다고 할 정도로 영토 확장에 혈안이 되어 있던 영국으로선 인도를 손아귀에 넣은 것도 모자라 중국 대륙에 탐욕의 입맛을 다시기 시작했다. 중국에 아편을 밀수출하여 경제는 물론 사회 혼란을 야기시킬 목적이었다. 아편 중독자가 널리 퍼져 중국으로선 큰 골칫거리로 몸살을 앓고 있었다. 이에 광동성 성주 임칙서는 영국 상인들의 아편을 몰수해 불태우고 상인들을 국외로 추방하는 등 강경수단을 써 아편 밀수의 근절을 꾀하였다. 영국은 이를 빌미로 임칙서를 처형할 것을 요구했다. 중국 정부는 오히려 임칙서를 처벌은 고사하고 영전시켜 버렸다. 이에 외교적 마찰로 아편전쟁이 발발하게 되었다. 전쟁은 신무기로 무장한 영국의 승리로 끝났다.

전쟁의 결과 1842년 영국의 일방적인 강압에 의해 남경조약이 체결되었고, 청나라는 패전국으로 많은 변상과 아울러 홍콩, 상해, 광동을 개방해야 했다. 이때 상해 앞 황포강 하류에 버려진 쓸모없는 갈대밭, 삼각지를 불란서와 영국이 조차지라는 명목으로 빼앗아 개발하여 치외법권 지역으로 만들었다. 이 포동섬과 육지를 연결하는 다리, 외백도교(外白渡橋)를 만들어 놓고 백인만 건너게 했다. 만약 중국 사람이 건널 때는 통행세를 받았다. <중국인과 개는 건너지 못한다>고 팻말을 써 놓고 행패를 부렸으니 중국 사람은 개[犬]와 같거나 그보다 못하다는 뜻이 내포되어 있다.

뱃노래에 맞추어
노를 젓던 뱃사공은 간 데 없고
그 옛날 설운사연 아는지 모르는지
유람선, 화물선만 오가는 황포강

263미터 동방명주탑에 올라 굽어보니
발아래 외백도교(外白渡橋)가 어른거린다.
중국 사람과 개는 못 건너게 하고
남의 땅 빌려 금 그어놓고
통행세를 받았다는 외백도교를 개들이 오간다.

춘추전국시대 월왕(越王) 구천(勾踐)과 오왕(吳王) 부차(夫差) 사이에 있었던 굴욕, 기다림, 복수와 재복수의 연속인 와신(臥薪)과 상담(嘗膽)은 너무나 유명한 일화다. 이와 같이 역사의 아픈 상처를 잊지 말고 후대에 귀감으로 삼기 위해 이 섬을 외탄(외세의 탄압)이라 이름

지어 부른다. 역사에는 기억조차 하기 싫은 아픈 상처도 있게 마련이다. 좋은 것을 후대에 영구적으로 이어 가는 것도 좋지만 아픈 역사를 교훈 삼아 다시는 그런 악몽이 되풀이 되는 일이 없도록 아픈 상처도 안고 가야하는 것이 역사이고 오늘의 터전이고 미래의 거울이다.

외세(外勢)의 탄압(彈壓)과
그 수모를 잊지 않으려고 이름 지었다는
외탄

일본은 조선 강점기 36년 동안 온갖 나쁜 짓은 다 했다. 산맥에 길을 낸다는 명분을 앞세워 기(氣)를 꺾기 위해 산맥을 자르고 혈맥에 쇠말뚝을 박았다. 심지어 광화문에 날일(日)자로 조선총독부 건물을 지어 한양의 혈맥을 누르게 하고 의도적으로 창경궁을 창경원으로 격하시켜 동물을 키우며 왕과 동물을 동격으로 만들었으니 백성들이야 말할 필요도 없다.

동병상련이련가
창덕궁 울타리 안에
왕과 동물이 같이 놀게 하였으니
조선민족이 동물보다 나을게 뭐란 말인가

우리민족은 숱한 외침에 시달려 왔다. 그중에서도 병자호란, 임진왜란은 말할 수 없는 수탈을 당했다. 가축, 식량은 모두 약탈해갔고, 남자들은 전쟁터에 징용이나 총알받이로, 처녀들은 정신대로 끌려가 노리개로 삼았다. 대부분이 고향에 돌아오지 못하고 낯선 객지에서 생죽음 당했다. 병자호란 때 끌려간 할머니들은 임금님의 하해와 같은 은총을 입어 홍제천(弘濟川))에서 더러운 때를 씻어 죄 닦음을 하고, 홍은동(弘恩洞)에서 임금님의 큰 은혜를 입고 새로운 사람으로 여생을 편안히 살았다. 그렇지만 일본에 정신대 징용으로 끌려가 고향으로 돌아오지 못하고 객지에서 죽은 할머니 할아버지들, 시체를 찾는 것은 고사하고 아직도 원혼들이 원한을 품고 구천을 떠돌고 있다. 그래서 본인은 2008년 8월 후배들과 함께 일본인들이 가장 신성시 여기는 3776미터 후지산에 태극기를 앞세우고 올라갔다. 정상에서 일본인들을 발아래 밟고 서서 주안상을 차려 놓고 구천을 떠도는 원혼들을 달래는 진혼제를 지냈다.

대대손손 고요한 아침의 나라
왜란, 호란 겪으며
강산은 장화, 말발굽에 밟히고
남정네는 남양군도에 총알받이로
처녀들은 일본 몽골로 씨알받이 노리개로 끌려갔거니
아들 딸 앞세워 보낸
할머니 할아버지
눈물은 한탄강에 넘실거리고
한숨은 지리산에 먹구름으로 떠돈다.
구천을 떠도는 원혼들의 생령(生靈)은
어떻게 달래줄거나.

남도 나들이

남원에서 범재고개를 넘어서자 구례 산동마을 이정표가 눈에 들어온다. 반갑다. 서울에서 겨울 동안 추위에 움츠렸던 몸과 마음이 따뜻해지는 것 같다. 벌써 어둠 속에 사방은 묻히고 말았다. 친구의 안내를 받아 깊은 산골짜기에 숙소를 정했다. 조용한 숲속에서 하룻밤을 보냈으면 한다는 부탁에 친구는 무척 신경을 쓴 것 같아 고마웠다. 바위에 몸을 부딪치며 흘러내리는 물소리가 정적을 깨뜨릴 뿐, 고요 그 자체다. 새벽에 일찍 기상을 해야 한다는 말을 남기고 잠자리에 들었다. 여행이라는 설렘에 잠을 설치고 연신 밖을 내다보지만 깊은 산속이라 동이 트는 시간이 늦은 것 같다. 가끔 산까치가 창가에 와서 어서 일어나라는 듯 지저귄다.

어둠이 걷히자 앞산이 보이고 아스라이 골짜기가 내려다보인다. 눈에 들어오는 것은 푸른 숲과 노란 산수유뿐이다. 서둘러 아침을 먹고 마을로 내려온다. 대학나무라 불릴 정도로 수입이 짭짤하다는 산수유,

담장이고 개울이고 앞이나 옆이나 노란색뿐이다. 화선지에 노랑 물감을 엎질러 놓은 것 같다. 여린 꽃송이는 개울에 막 세수를 한 새색시처럼 싱싱하고 생기가 철철 넘친다. 잎이 나오기도 전에 성급하게 핀 꽃, 꽃송이를 가까이서 보면 그리 보잘 것 없다. 그나마 금빛 왕관을 닮아서 다행이다. 이렇게 가녀린 꽃에서 어떻게 정열적으로 붉고 탐스러운 열매를 맺을 수 있을까 고개가 숙여 진다. 역설적으로 꽃이 화려하면 열매가 부실하다지 않던가.

돌담길을 끼고 고샅을 한 바퀴 돌아보고 할머니 산수유나무를 찾아 차를 몬다. 1,000년 전 산둥 반도에서 시집 올 때 새색시가 가지고 와서 심었다는 시목(始木), 바다 건너 먼 이곳까지 시집오게 된 사연은 알 수 없으나 나무를 심어 놓고 고향에 두고 온 부모 생각에 옷고름을 적셨을 것을 생각하니 부목에 의지하고 있는 고목나무 앞에서 마음이 숙연해 진다.

차는 다시 노고단을 왼쪽으로 바라보며 섬진강 물길 따라 미끄러진다. 섬진강은 상류에서는 협곡을 흐르는 물소리를 귀로 듣고, 구례에서 하동포구까지 80리에서는 모래를 눈으로 감상하라 했던가. 아직 벚꽃은 꽃망울을 머금은 채 터뜨릴 날만을 기다리고 있다. 며칠 후면 벚꽃, 조팝나무 꽃망울 터지는 소리가 요란 하것다. 하늘을 뒤덮은 쌍계사 벚꽃으로 섬진강 물이 떨어진 꽃잎으로 수놓을 날도 머지않다. 구례 광양 쪽에서 바라본 강 건너 하동 땅, 손을 뻗으면 닿을 것 같은 거리, 다리를 건너면 도달할 수 있는 곳이지만 멀고 먼 피안의 세계 같다. 화엄사의 목탁소리, 쌍계사 뒤뜰에 동백꽃이 뚝뚝 떨어지는 소리가 들려오는 듯하다. 햇빛에 반짝이는 물빛, 능청맞게 늘편히 누워있는 모래

사장, 창문으로 들어오는 남녘의 훈풍이 마음을 포근하게 다독여 준다.

산모퉁이를 몇 개 돌아가자 눈송이처럼 가지에 매달린 매화꽃과 은빛 모래가 잘 어울린다. 골짜기마다 매화꽃이 만발하여 이곳이 바로 별천지다. 예쁘지 않은 꽃이 있으리오마는 들판이나 골짜기마다 매화꽃으로 장관이니 매화 천국이라 해도 과언이 아니다. 눈이 부시도록 아름답다. 향기는 코로, 꽃은 눈으로 감상하라 했던가. 꽃과 향기에 취해 눈을 감아도 따라 와 머릿속까지 꽃으로 가득 찬 것 같다. 꽃을 배경으로 기념사진을 찍고 다시 강을 따라 내려간다. 강폭은 넓고 물은 유유히 흐른다. 장수에서 출발하여 순창을 거쳐 머나먼 길을 흘러 온 물과 화엄사 계곡, 쌍계사 계곡에서 내려 온 물이 어우러져 다정하게 흐른다. 백제와 신라, 전라도와 경상도 편 가르기를 하지 않고 하나 되어 조용히 흐른다. '안녕히들 하싱게라우' 정겨운 전라도 사투리를 뒤로하고 다리를 건너 하동 땅으로 간다. 강 건너 매화마을을 바라보며 물길을 거슬러 올라온다. 멀리서 바라본 매화마을은 또 다른 정경이다. 매화마을은 마치 안개구름이 피어오르다가 골짜기에 머물러 있다는 착각이다.

강을 거슬러 한참을 달리자 널따란 악양 들판을 안고 있는 평사리에 도달한다. 들판을 내려다보고 경사진 비탈에 박경리 대하소설 '토지'의 무대가 자리 잡고 있다. 지리산 자락에 자리 잡은 최 참판 댁, 집 앞에 펼쳐진 들판, 굽이굽이 섬진강 물줄기가 아스라이 보인다. 안내판 화살표를 따라 한 바퀴를 돌아보는 코스가 바로 소설의 줄거리다. 서희, 길상, 용이, 강청댁, 임이네, 조준구까지 드라마의 장면을 사진과 함께 배치해 놓은 배려에 감사할 따름이다. 서민들의 삶과 애환을 시대의 흐름에 따라 잘 나타낸 소설로 동학으로부터 한말, 일제의 수탈까지, 하동을 거점으로 지리산 한성 만주까지 시간적으로나 공간적으로 방대한 민족 대서사시요 세계적으로도 보기 드문 대작이라는 설명에 몸이 움츠러든다.

또 다시 한참을 달리자 화개장터에 도달한다. 조그마한 시골장터다. 조영남의 노래 '화개장터'로 더욱 유명해져 널리 알려진 장터는 장사꾼과 시장 사람들로 북새통을 이루고 있다. '있을 건 다 있고요 없을 건 없답니다'는 장터, 옛날 시골장터에 들어선 느낌이다. 제일 신명나고 관심이 가는 것이 뻥튀기장수와 엿장수다. 뻥하면 열 배로 불어나고, 당기면 몇십 배로 늘어나기 때문이다. 어느새 영광장터 쇠전등에 소고삐를 잡고 서 있는 코흘리개 꼬마가 내 머리 속에서 어른거린다.

■ 정영자 편

이브의 행복

씨엠립 공항에 내렸다. 캄보디아 비자를 발급받는 줄이 뱀 꼬리를 연상케 한다. 양손에 지문까지 찍어가며 줄서는 것부터 행운을 점쳐야 했다. 입국 절차가 어렵다고는 들었지만 심하다는 느낌이 들었다. 운 좋게 지문도 찍지 않고 비자를 받았다. 내가 직장이 없는 백수임을 알아차린 것일까? 웃돈을 요구해도 나올 것 같지 않다는 것을 이미 눈치를 챘나보다.

캄보디아 여행의 으뜸은 사원이라고 하지만 창밖으로 보이는 거리풍경도 큰 볼거리이다. 귀를 열고 가이드 설명을 경청하면서 창에서 눈을 떼지 못했다. 국토에 비해 인구가 적어서인지 평온하고 한산해 보인다. 대중교통 수단은 대부분 오토바이와 자전거로 신호등과 교통질서는 유명무실하다. 교복을 입은 학생들이 간헐적으로 보일 뿐 육칠십년대 우리의 생활상을 연상케 한다. 폴포트 통치 등 정치적 불안으로 학교가 폐쇄되고 교사들이 추방되어 이 나라를 떠났다. 지금은 교육우

선 정책을 펴고 있으나 자격을 갖춘 교사와 교육자재가 부족하여 중등 교육이나 그 이상의 교육을 받는 학생들은 극소수에 불과한 안타까운 현실이다.

현재 인구의 약 반이 열다섯 살 이하의 어린이다. 가는 곳마다 어린 이들이 구걸하거나 소품을 들고 와 팔고 있다. 해맑은 미소를 짓는 아이들은 앞을 다퉈가며 물건을 팔려고 애를 쓴다. 물건을 다 사줄 수도 없고 무조건 도와줄 수도 없는 처지가 안타깝다. 어린아이들이 맨발로 달려와 차창을 두드리는 애절한 눈빛을 뒤로하고 떠나야할 때 만감이 교차했다. 아이들을 계속 도와주면 어른들은 집에서 쉬면서 어린이를 학교에 보내지 않는다는 말에 차라리 아이를 안고 구걸 하는 여인에게 정을 표했다.

나의 학창시절이 떠올랐다. 어느 날 양복이 아닌 간편복 차림으로 출근하는 아버지를 바라보며 어린 마음에 운전기사로 전직한 줄 알고 마음이 편치 않았다. 행여 아버지의 마음을 다치게 할까봐 여쭈지 못했던 기억이 새롭다. 빈곤퇴치를 위해 5개년 경제개발계획으로 공무원은 양복이 아닌 간편복을 입고 정신 자세부터 개혁을 한 때가 있었다. 십시일반 자기 땅을 기부하며 도로를 확장하고 지붕을 도색하는 근대화의 길에 앞장섰던 우리나라 국민들의 근면한 모습이 대비되는 순간 내 조국, 내 민족에 대한 자긍심이 솟구쳐 올랐다.

경제발전을 이뤄낸 세대를 대표해서 풍요를 선물 받은 아들을 보며 어깨가 절로 으쓱해진다. 아들은 우리 집안 형편이 어려운 줄 알았다고 한다. 초등학교 시절 시리즈로 된 한자 사자성어 한 권을 닳도록 읽은 것이 오히려 그 내용을 기억할 수 있어 좋았다고 털어놓는다. 나도 답을 하느라 백일도 못된 아들의 장이 꼬여 수술실 밖에서 아빠와 함께 눈물을 흘렸던 이야기를 들려주었다. 그동안 서로가 바쁘다는 핑계로 나누지 못한 가슴에 담아둔 이야기들을 한꺼번에 토해내며 모자간에 오붓한 시간을 보내게 된 셈이다.

결혼은 했지만 어리게만 여겼던 아들이 대견스럽다. 좀처럼 드러내지 않던 서로의 마음을 여행과 더불어 자연스럽게 소통하는 기회를 만들어준 아들이 고맙기만 하다. 주말부부인 아들이 황금휴가까지 반납하고 함께 여행을 가자고 했을 때 미안한 생각이 들었다. 너희 부부가 다녀오라고 권했지만 아들은 굽히지 않았다. 좋은 추억을 만들어 오라고 추임새를 넣는 며느리의 눈빛이 이렇게 고마울 수가 없다.

캄보디아의 우상이 된 자야바르만 7세가 영토를 넓히고 어머니를 기리기 위해 세웠다는 타프롬 불교사원을 돌아보며 우리는 말없이 진한 눈빛을 주고받았다. 드러내놓고 표현은 하지 않았지만 서로를 위해 어떻게 살아야 하는지 해답을 찾는 듯 진지한 표정이었다. 돌아보는 내내 행복에 젖은 채 자야바르만 7세 어머니가 하나도 부럽지 않았다. 앞장서서 황금연휴를 기꺼이 나에게 할애해준 아들 내외가 고맙기 그지없다. 효자임이 틀림없다는 생각이 든다.

올해로 구순을 넘기신 나의 어머니는 동해시에 살고 계신다. 어머니 역시 온 정성을 다해 우리를 키우셨다. 하지만 바쁜 일상을 핑계 삼아 변변찮은 여행 한 번 시켜드리지 못했다. 그렇다고 자주 찾아가 문안드리지 못하는 나는 막심한 불효를 저지르고 있음에 후회의 눈시울이 젖는다.

가장 사랑하는 아들과 단둘이 크리스마스이브를 보내는 호젓한 여행이라 감회가 남다르다. 보호하는 입장으로 살다가 내가 보호받는 위치라서 한결 마음이 편하고 든든하다. 예상치 못한 아들 내외의 이벤트였지만 내심 며느리에 대한 미안함은 가실 수 없는 게 사실이다. 하지만 이런 여행이라면 앞으로도 언제든 떠나고 싶다. 아들아 사랑한다.

겨울 나들이

겨울여행을 떠났다. 우울한 나의 모습이 안타까웠는지 친구가 제의를 했다. 설레기도 했지만 추운 날씨가 걱정이다. 새벽에 내린 눈으로 온 세상이 하얗다. 눈길이라 선뜻 나서기가 망설여진다. 잘 챙겨 입고 나오라는 세심한 배려를 떨칠 수 없어 따라 나섰다. 생각 없이 나선 나와 달리 친구는 치밀한 준비를 하고 약속 장소에서 기다렸다. 바다를 보러 가자는 말에 아연실색하는 나를 보고 겨울바다가 낭만이 있다고 어른다. 뿌리칠 기회도 주지 않고 미끄러지듯 눈길을 잘도 달린다. 오랜만에 갑갑한 도심을 벗어나 교외로 떠나는 순간이 그리 싫지는 않았지만, 추위를 잘 타는 데다 건강도 장담할 수 없어 내심 걱정을 했다.

인천공항 고속도로를 달려 잠진도 선착장에 도착했다. 갯벌을 타고 달려온 바다 특유의 갯냄새가 온 몸을 감싸 안았다. 오랫동안 헤어진 벗을 만나는 환희가 이런 기쁨일까? 두 팔을 벌려 마음껏 포옹을 했다. 만감이 교차했다. 얼마 만에 느낀 자유요, 희열인지 놓고 싶지 않았다. 사람과 사람이 부대끼는 답답한 도심에서의 탈출 그 자체가 좋았다. 지척의 거리에 바다와 갯벌과 백사장이 어우러진 살아있는 자연을 벗할 수 있다는 사실에 놀랐다. 갈매기의 환호를 받으며 배를 타고 선녀가 내려와 춤을 추었다는 무의도에 도착했다. 아무도 다녀간 흔적이 없는 백사장엔 온통 드레스를 펼쳐놓은 듯 새하얗다. 발자국으로 새 길을 내며 달리다가 어린아이처럼 눈 위를 이리저리 뒹굴며 동심에 흠뻑 젖었다. 나의 천진난만한 행동을 보고 친구는 환한 미소를 지었다. 늪에 빠진 친구를 구해 놓은 양 만족해하는 표정이다.

영화에서만 듣던 실미도는 바다가 허락할 때만 들어갈 수 있다. 하루 두 번 열리는 길. 바닷사람들은 이것을 물때라 말한다. 모세의 기적처럼 물이 빠지면 걸어서 가는 곳인데 용케도 물때를 잘 맞춰 도착을 했다. 왠지 새벽부터 서두르던 친구의 부산함에 새삼 고마움을 느낀다. 이번 여행을 위해 미리 현지답사를 했나 보다. 전문가인 양 세심하게 안내를 잘한다. 갯벌은 장화를 신지 않아도 걷기에 불편하지 않았다. 생명이 살아 숨 쉬는 갯벌에 박힌 말뚝을 따라 밧줄이 이어졌고, 밧줄을 타고 파래가 자라고 있다. 실미도로 가는 길 안내 가드레일인 줄 알았다. 바다도 육지처럼 경계가 있고 주인이 있다는 사실을 몰랐기 때문이다. 하늘을 바라보며 두 팔을 벌려 마음껏 '내 땅이다.' 라고 소리쳤다. 아무도 토를 다는 사람은 없었다. 파도가 부서지는 몸부림으로 나의 외침에 동조를 했다. 하루아침에 땅 부자가 된 기분이다.

갯벌을 걷고 돌다리를 건너 실미도 땅을 밟았다. 속살을 드러낸 바위에는 따개비와 자연산 굴이 지천으로 자라고 있다. 그 뒤로 하얀 눈과 어우러져 반짝이는 굴 패총이 펼쳐졌다. 실미도를 다녀온 기념으로 모양이 희귀한 굴 껍질을 주워 주머니에 넣었다. 주머니 속에서 하얀 포말로 부서지는 파도가 출렁거렸다. 내 기억에서 영원히 잊히지 않을 바다를 소유했다는 성취감이 침체된 몸 상태를 최상의 컨디션으로 끌어올렸다.

사물을 보는 눈이 남다른 친구는 실미도의 눈을 찾아보라고 권유를 했다. 붉은 바위에 새겨진 검은 눈동자를 찾기 위해 사방으로 바위를 타고 넘도록 유도를 했다. 갯바위를 타고 걷기란 쉽지가 않았다. 남대문시장에서 김 서방 찾기나 다름없는 무모한 도전처럼 느껴졌지만 친구의 마음에 실망을 안겨주고 싶지 않았다. 평소 운동하기 싫어하는 나를 알고 운동을 시키려는 의도임을 의심하면서도 눈치 채지 않게 바지런하게 움직였다. 30분쯤 지났을까? 동분서주하는 나의 몸부림을 보고 안타까웠는지 손가락을 가리키며 소리쳤다. 신기하게도 사람의 눈과 흡사한 검은 눈동자가 연붉은 바위에 선명하게 박혀있었다. 멀리 밀려오는 파도를 주시하는 눈빛이 예사롭지가 않다. 자연의 신비도 오묘하지만 실미도의 눈으로 이름을 붙여준 친구의 통찰력도 놀랍다. 무의도에 사는 주민들조차도 알지 못하는 실미도의 눈까지 볼 수 있어 큰 횡재를 얻은 셈이다.

자녀들이 어릴 때 백사장 근처 갯벌에서 게와 주꾸미를 잡아보았지만, 갯벌을 걸어서 다른 섬으로 이동하는 체험은 이번이 처음이다. 은근히 무섭기도 했다. 수영을 못하는데 갑자기 물이 밀려오면 어떡하지 하는 두려움이 내심 가시지 않았다. 밀물시간을 잘 알고 있다며 걱정하지 말라고 주문하는 친구가 믿음직스럽다. 눈 덮인 백사장을 지나 영화 실미도 촬영지를 보기위해 산등선을 넘었다. 발목까지 눈이 쌓인 오솔길을 미끄러져 넘어지기를 반복하며 겨우 고개 정상에 이르렀다. 소나무가지에 쌓인 하얀 눈꽃은 바다와 어우러져 환상처럼 아름다웠다. 양쪽 뺨이 얼어붙는 듯 차가운 날씨지만 역사의 한 페이지가 된 현장을 둘러본다는 마음에 피곤함도 잊을 수 있었다. 나뭇가지를 붙잡고 걸어도 대책 없이 미끄러지는 길은 마치 극기 훈련을 연상케 한다. 온몸이 눈으로 뒤범벅된 나의 모습이 대견해 보였다. 산악훈련을 반복했을 북파공작원들의 모습이 떠올랐다.

실미도는 무인도로 절망과 슬픔이 동반된 이별의 섬이다. 바위 곳곳에 실탄 맞은 구멍이며 망망한 바다에 배를 타고 들어가 훈련병을 빠뜨려 스스로 살아남게 하는 혹독한 훈련을 받은 흔적들을 보면서 역사에 묻혔던 그때의 처절함이 느껴지는 듯했다. 사회 밑바닥 계층을 포섭하여 작전에 성공하면 정부로부터 새 삶을 보장 받는 조건이었으니 목숨을 걸고 훈련을 했으리라 짐작이 된다.

지금은 평온하기만 한 작은 섬 실미도. 생과 사를 넘나들며 지옥 훈련을 받은 훈련병들이 목적을 이루지 못하고 희생된 역사의 현장이다. 인간답게 살지 못하고 생을 마감해야 했던 가슴 아픈 상처는 역사의 한 페이지로 남았지만 더 이상 전쟁의 비극은 없어야 한다고 희생자들은 실미도의 눈으로 지켜보고 있는 듯하다.

반복되는 일상에 지치고 혹한에 움츠렸던 나에게 여행은 달콤한 휴식이요, 청량제였다. 빠듯한 시간을 쪼개어 알찬 여행을 시켜준 친구가 고맙다.

믿음이 가져온 책망

법원이다. 죄 지은 것도 아닌데 발걸음이 무겁다. 정문을 들어서기도 전에 힘이 빠진다. 바삐 오가는 사람마다 굳은 표정이다. 세상 살면서 법정 출입은 하지 않길 바랐지만 나의 의지와는 상관없다. 어떤 사건이든 재판을 하면 경제적 정신적 손해라는 걸 알고 있다. 애초에 금전거래는 하지 말았어야 하는데 후회가 막심이다. 과거의 정을 배반하고 인격적 모독에 가까운 상대의 처신을 용서하고 넘기기엔 자존심이 허락지 않는다. 고소하라며 큰소리치는데 적반하장은 딱 이럴 때 쓰는 말이다. 나 이외의 다른 사람들이 또 당하는 일은 없어야겠다는 생각에 국가가 내려주는 엄정한 잣대를 들이대고 싶었다.

일반인이 법적 절차를 밟는 일은 쉽지 않다. 산 너머 산이다. 인생 공부하는 셈치고 시작했는데 서류 첨부가 까다롭기 이루 말할 수 없다. 이리 뛰고 저리 뛰는 내 모습이 안쓰럽기 그지없다. 남에게 의뢰하면 쉬울 수도 있겠지만 누군가 알면 창피하다는 생각에 직접 뛰어다냈다. 가까운 지인도 변호사지만 알리지 않고 속으로 끙끙대며 한 장 한 장 서류를 준비할 때마다 어리석은 나 자신을 책망할 수밖에 없었다. 초등학생 자식의 스승이던 나에게 이렇게까지 해야만 했던 이유를 알 수가 없다. 십여 년 전 학교에서 인연이 된 학부형이다. 무속인이지만 편견 없이 지인으로 지냈다. 독특한 가정환경일 수도 있었기에 아이도 더 신경 쓰고 칭찬도 많이 해주었다. 그런 나를 고마워하며 따랐다. 남동생만 다섯인 나에게 친자매 같다며 간간히 안부를 물어오던 그였다. 구순이 되신 내 어머니의 안부도 늘 잊지 않고 챙겼다. 그러던 그녀가 돌변하는 모습은 지금 돌이켜 생각하면 순진한 날 이용하려고 작정했던 것으로 밖에 달리 해석할 방법이 없다.

더위가 극성을 부리던 여름 날 전화가 걸려왔다. 급하다는 말에 차용증도 없이 계좌이체를 한 것이 화근이다. 만날 때마다 '이승에서 덕을 쌓고 베풀어야 후손이 잘 된다'며 자식을 위해서라도 절대 나쁜 짓을 안 한다는 말이 그녀의 입에 배었다. 그런 사람이 독한 마음을 먹으리라고 생각지 못한 것이 불찰이다. 지금 생각하면 모든 것이 계획적이다. 친분을 과시하고, 급하다며 돈을 빌리고 순식간에 안면몰수를 한다. 변제일이 지나고 차일피일 약속을 어기더니 법대로 할 테면 해보라고 엄포를 놓으며 무서운 악마로 돌변하는 그녀를 이해할 수 없다. 어쩌면 돈 앞에 그렇게도 변했을까? 세상이 무섭게 느껴진다.

약속일이 한참 지나도 연락이 없고 전화도 받지 않는다. 답답한 마음에 친구와 함께 집으로 찾아갔다. 자기 자식이 보면 어쩌려고 찾아왔냐며 이만저만 화를 내는 게 아니다. 경우가 없다며 공직에 있는 아들과 며느리에게 찾아가서 알리겠다고 서슬이 퍼렇다. 어이없이 당하고 돌아왔다. 순간 늙은 어미의 창피한 실수로 아이들이 직장에서 망신을 당할까 겁이 났다. 제발 그러지 말라고 사정하는 건 오히려 내 쪽이었다.

법치주의 국가라고 하지만 법을 어기고 지키지 않는 데는 도리가 없다. 할 테면 해보라고 큰소리치는 걸 보면 이미 여러 번 이런 일을 겪은 사람인 것 같다는 생각이 든다. 사기꾼의 대열에 낀 사람들이 그렇듯이 재산은 모두 타인 명의로 돌려져 있다. 이런 가식적인 사람들이 설치는 세상은 영구히 없어져야 한다. 정의롭고 바른 사회를 위해서라도 재판에 이겨서 본보기를 보여 주고 싶다. 어찌 이런 행동을 할 수 있는지, 앞으로 나처럼 어리석은 실수를 범하지 않도록 주위사람들에게 알리고 싶은 심정이다.

지금은 소송에 이겨 강제집행 명령이 떨어진 판결문이 내 손에 들려 있다. 그렇다고 끝난 건 아니다. 판결은 났으나 인적사항이 불분명하다는 이유로 집행이 미뤄지고 있다. 본인 확인을 증명할 수 있는 서류를 제출해야 한다는 법원의 안내문을 받고 한숨이 절로 나왔다. 수사권도 없는 일반인이 어떻게 증명서류를 만들 수 있을까 고민이 됐지만 앞서 한 일이 있었기에 자료가 될 만한 것들을 차근차근 챙길 수 있었다. 온 집안을 뒤적이다 전화번호와 동일인임을 확인하는 단서를 찾았다. 지난봄에 그녀가 준 홍보용으로 만든 점집의 달력을 서류로 제출했다. 궁하면 길이 솟아난다더니 틀림이 없는 듯싶다. 판결 소식을 이미 통보 받았을 텐데도 깜깜 무소식이다. 곧 그녀의 통장과 집안 살림살이에 빨간 딱지가 붙여질 거라는 생각에 마음이 무겁지만 돌이키고 싶지는 않다. 내가 이렇게 힘든 일을 고집스럽게 하는 이유는 금전적인 이유만은 아니다. 공동체 사회에서 법을 무시하는 행동은 엄하게 처벌받는다는 확신을 심어주고 싶어서다.

돈은 건네는 순간 자기 것이 아니고 가까운 관계일수록 거래를 하지 말아야 한다는 말이 있다. 정작 급할 때 도울 수 없다면 누가 그 사람에게 손을 내밀어 줄까? 생각할수록 씁쓸한 세상이다.

차가운 노상에 앉아 나물을 파는 이웃을 본다. 바르고 착하게 사는 삶이 바보가 되는 사회는 슬프다. 남을 속여 노력 없이 잘 살겠다는 생각은 아예 갖지 못하도록 사회구조가 바뀌는 날을 기대해 보면서 쓸쓸히 법정을 나선다.

■ 한주운 편

묶임에서 놓여지다

어머니를 모시고 사는 큰집이라 설날을 비롯한 명절이 돌아오면 며칠 전부터 시장을 봐다 나르고 전날까지 음식 준비를 위해 동동거린다. 그러나 설 당일부터 계속되는 연휴에는 크게 할 일이 없어 한가하다.

올해는 더구나 신정을 지냈기에 설날이 되니 시간이 남아 허공을 떠돈다. 친정에 가서 하루 보내고 오니 그동안 쉼 없이 묶여있던 일상생활에서 놓여나 갑자기 시간 부자가 된 듯싶다. 보너스처럼 주어진 시간들을 어떻게 보낼까 생각하고 또 생각하여도 좋은 방책이 떠오르지 않는다. 사방팔방 주차장이 되어버린 도로 사정을 아는 터라 근교조차 나갈 엄두도 나지 않고 그저 집안에서 뒹굴뒹굴 할 수밖에 없다. 그것이 최고의 휴식이라며 남편도 은근히 부추긴다. 가장 유력한 놀이감은 당연 TV와 컴퓨터이다. 많은 시간도 그들과 함께라면 지루하지 않을 듯싶다.

우리는 문명의 혜택을 점점 실감하지 못하며 살아가고 있다. '빠빠라기'에서 나온 투이아비 추장은 끊임없이 재생산되는 물질의 문명 속에서 우리는 점점 바보가 되어가고 있으며, 문명을 따라가느라 정말 위대한 자연을 느끼지 못하고 살아가는 우리들의 모습이 참 안타깝다고 했다. 그렇다고 해서 우리가 그의 주장대로 문명을 거부하며 살아갈 수 있을까? 그러기에는 대단한 용기가 필요할 듯싶다. 우리가 인식하지 못하는 사이에 우리 삶의 터전이, 우리를 둘러싼 모든 환경이 인간이 생활하기에 좀 더 쉽고 빠르고 편리하게 바뀌어 가고 있다. 가만히 앉아서 쇼핑을 하고 전국 각지에서 빠르게 물건이 배송되고, 직접 가보지 못해도 TV나 인터넷으로 세계 여러 나라를 여행할 수도 있다. 지구촌에서 일어나는 여러 가지 상황을 실시간적으로 접할 수 있으며, 빠른 속도로 유비쿼터스 시대가 찾아오고 있다. 비교하지 않으면 편리함도 불편함도 체감할 수 없다. 그래서 일부러 오지나 농촌을 찾아가 체험하며 일상의 편리함에 새삼 감사하기도 한다.

어제까지 멀쩡하던 TV가 아침에 갑자기 이상 징후를 보였다. 전원은 켜져 있는데 침묵시위 중이다. 인터넷과 연결된 TV인지라 컴퓨터의 인터넷 역시 불통이다.

"오 마이 갓~"

고장 신고를 하고 AS를 요청했지만 연휴라서 기사가 근무하지 않으니 연휴 끝난 후에 방문하겠다는 담담하고 침착한 그러나 우리에게는 청천벽력 같은 선고가 전화선을 타고 들어온다. 공대 출신답게 이곳저곳을 두드려보고 해체해보던 남편은 아무래도 안 되겠는지 두 손을 들고 갑자기 닥친 재앙과도 같은 이 사태를 어찌 해결해야 할지 난감해하고 있다.

다른 날도 아닌 설 공휴일에 고장 난 TV와 인터넷, 우리 가족은 한동안 패닉 상태에 빠진 듯 멍하니 앉았다가 일어서서 왔다 갔다 하다가 다시 누웠다가 어쩔 줄 몰라 했다. 텅 빈 듯 휴일의 공허감이 길이 끊어진 막다른 골목 앞에 선 사람처럼, 밤새 세운 계획이 수포로 돌아간 듯 허무한 얼굴로 대기 중이다.

"아~ 이것이 중독자들이 겪는다는 금단현상?"

시간이 좀 지나 이성을 되찾은 아이들이 윷놀이를 제안했다. 윷놀이는 예로부터 설날에 하던 고유의 민속놀이인데 그동안 TV와 컴퓨터에 밀려 얼굴조차 내밀지 못하다가 드디어 기회를 찾은 것이다. 아들과 내가 한 편, 남편과 딸이 한 편이 되어서 윷놀이가 시작되었다. 역전에 역전을 거듭하며 배꼽 잡고 깔깔깔 웃기도 하고, 말판을 놓느라 옥신각신하다 보니 어느덧 2시간여가 지났다. 에너지 보충을 위해 잠깐 휴식타임을 갖고 다시 원카드 놀이를 시작했다. 정말 오랜만에 가족들이 함께 나눈 의미 있는 시간이었다. TV가 고장 남으로 얻은 뜻밖의 반전 선물이다.

"놓여짐"

그동안 우리는 알지 못하는 사이에 TV와 컴퓨터의 노예로 살아왔는지 모른다. 우리는 그들을 사용하고 즐긴다고 생각하지만 수많은 시간들을 공물로 바쳐야 했고, 리모컨에 의해 조종당하며 살고 있지는 않나 생각해 볼 일이다.

소중한 혈연으로 이루어낸 가정에서 부모는 부모대로, 아이들은 아이들대로 남남처럼 살아가는 경우가 얼마나 많은가? 청소년 문제 대부분이 부모와 소통이 제대로 되지 않아서 발생한다는 통계자료가 있다. 어려서부터 부모와 많은 대화를 나누며 성장한 아이들은 대체로 긍정적인 사고를 가지며, 타인에 대한 배려와 관용도 너그럽다. 그래서 무엇보다도 부모의 역할이 중요하다. 아이들은 성장하면서 그들 나름대로 가치관이 정립되고 삶의 태도나 세상에 대한 시각도 변화한다. 경우에 따라서는 부모가 요구하는 길을 벗어나 자신이 선택한 길을 가려고 갈등을 빚는 경우도 있다. 그러나 부모는 그들에게 우리가 가고자 하는 길을 강요할 수도 강요해서도 안 된다. 아이들이 꿈꾸는 미래는 스스로 계획하고 실행해 나가야 한다. 부모가 해야 할 일은 믿음이다. 믿고 지지해주고 바라보는 것이다. 시행착오도 겪을 것이고 실패의 고통으로 좌절의 늪으로 빠질 수도 있다. 자신이 옳다고 갔던 길을 되돌아 나와야 하는 경우도 있다. 그러나 그것 역시 성장통이며 그들이 겪어야 할 길이기에 우리는 지켜보면서 격려하고 실패를 두려워하지 않도록 용기를 주어야 한다. 부모가 든든한 백그라운드가 될 때 넘어졌다가도 다시 일어나 또 다시 도전할 수 있는 힘이 주어진다.

가정은 따스한 사랑이 숨 쉬는 공간이 되어야 한다. 아무리 추운 겨울에도 아랫목 같은 따끈함이 있고 겨울나무처럼 잎이 다 떨어져 앙상한 가지에도 새봄이 올 때까지 꿋꿋하게 버틸 수 있는 힘의 원천이다. 또한 부모를 믿고 의지하며 존경하는 아이들이 하나가 되어 보듬어주고 나누며 쉴 수 있는 안락한 보금자리가 되어야 한다. 그러기 위해서는 가족 구성원 모두 자신에게 주어진 역할을 잘 감당할 수 있는 노력이 필요하다. 앞으로 자주 TV 전원 버튼을 꺼야겠다. 그리고 시선을 가족들에게 돌려야겠다. 묶인 것에서 비로소 놓여지니 진정한 소통으로 우려낸 진국 같은 가족들의 웃음이 집안 가득하다.

멋진 설 연휴였다.

한 해를 여는 로드맵

매년 연말이 다가오면 고동치는 심장 소리를 듣는다. 평소 느끼지 못했던 심장의 존재가 요동치듯 살아 숨 쉰다. 빠른 알레그로였다가 때론 느린 아다지오 템포로, 불규칙한 화음 너머에는 지난 시간에 대한 보상이 있다. 한해를 뒤돌아보며 아프거나 상처받았던 일들은 빠르게 리플레이를 하고, 반면 뿌듯하고 포근했던 일들은 한 잔의 향 좋은 차를 음미하듯 천천히 곱씹으며 즐긴다.

다른 이들은 말한다. 지난 일에 대한 후회가 짧은 것이 내가 가진 장점이라고. 살면서 후회 하지 않고 살 수는 없겠지만 이왕 벌어진 것, 이미 엎질러진 물에 대한 포기가 남보다 빠르다는 것이다. 오히려 열심히 살아온 내 자신을 토닥토닥 위로하며 새날에 대한 또 하나의 이정표를 세우곤 한다.

새해에는 "어떤 길을 갈까? 그 길을 갈 수 있을까? 꼭 그 길을 가야만 할까?" 썼다 지웠다 그렸다 바꾸기도 하면서 제멋대로 춤추는 생각들을 정리한다. 스스로 로드 매니저가 되어 삶을 설계하다 보면 겨울 길었던 밤의 꼬리가 짧아져 있다.

어느 정도 큰 그림이 그려지면 다음으로 마음을 붙잡아 줄 문구를 정한다. 한 문장일 수도 있지만 길지 않을수록 좋다. 연말이나 연초에 세웠던 계획들이 작심삼일, 또는 작심 한두 달이 될 수 있을 때 일침을 가할 수 있는 이른바 마음을 붙들어 줄 좌우명이다.

재작년 내가 품었던 말은 '그럼에도 불구하고'이다. 늘 부족하고 실수투성이인 나를 늘 지켜주시고 때에 따라 필요한 것들을 부어주시는 하나님께 대한 감사이다. 나 역시 한 해를 살면서 그 사랑을 실천하고 싶은 맘을 다짐하느라 틈만 나면 "그럼에도 불구하고 날 사랑하시는 하나님의 사랑은 내 모든 걸 덮고~" 하며 찬양을 부르곤 했다.

작년에는 '그럴 수도 있지'였다. 어렸을 때는 순둥이라 할 정도로 순하고 있는 듯 없는 듯 요즘 말로 하면 존재감이 없었던 내가 아이들 가르치는 것을 천직으로 삼고 더구나 그것이 논술이다 보니 비판적 사고력이 높아진 듯싶다. 더불어 단체의 장을 맡으며 리더로서의 책임감과 의무감으로 성격조차 뾰족하고 까칠해지는 듯싶었다. '다른 사람들에 대한 입장을 이해하고 배려심을 가지며 살자', 역지사지의 심정으로 '좋은 게 좋은 것이다'라는 마음으로 살려고 애썼다. 가끔씩 도저히 상식적으로 이해할 수 없는 일들 앞에서도 눈을 질끈 감고 '그럴 수도 있지, 아마 무슨 사정이 있겠지.'하며 송곳처럼 올라오는 마음을 눌러 가라앉히곤 했다.

올해는 어떤 마음가짐으로 보내야 할까? 여느 때보다 개인적으로나 대외적으로 바쁘고 힘들었던 2014년을 보내면서 다가오는 새해에 대한 연민과 기대치가 높아졌다.

'어제보다 나은 오늘, 오늘보다 나은 내일'

2015년을 지켜 줄 수문장과 같은 문구다. 극히 평범해 보이는 문장이지만 일신우일신(日新又日新) '하루하루 계속해서 새로워진다'는 의미가 포함되어 있다. 일 년치 내 삶의 설계도를 그렸다. 어려운 숙제를 해결한 듯 가벼운 마음으로 을미년 새해를 맞이했다. 날마다 새롭게 전진, 또 전진, 발전 또 발전 나태해졌던 마음이 팽팽하게 긴장으로 잡아당겨진 느낌이다.

옛 성현들의 말을 되새기다 보면 저절로 고개가 끄덕여질 때가 종종 있다. '맞는 말이야. 옳은 말이야. 그렇지 그래 어쩌면 내 맘을 그렇게 잘 읽어낼 수 있을까? 딱 나에게 맞는 말이야. 가슴에 품고 그렇게 살아야지.' 하며 무릎을 치며 맞장구로 공감한다. 어렸을 때부터 책을 많이 읽어 성공적인 삶을 산 이들의 글을 읽으면, 책을 좋아하여 평생 책과 더불어 살고 있는 지금의 내 모습이 자랑스럽기도 했다. 몸과 맘을 수양하며 나보다 남을, 개인보다 공동체를 위해 살았던 훌륭한 지도자들을 보면 그들을 롤모델로 삼아 나의 미래를 꿈꾸기도 한다.

『생각대로 살지 않으면 사는 대로 생각하게 된다』는 책을 본 것은 약속시간보다 일찍 도착하여 남는 자투리 시간을 보내기 위해 들른 책방에서다. 은지성 작가의 책이다. 강하게 와 닿는 제목을 보며 한동안 멈춰서서 그 의미를 새겨보았다. 자신의 의지와 신념으로 참 인생을 산 사람들의 감동적인 이야기들이 실려 있었다. 스스로 생각하고 그것을 실천하면서 산다면 분명 긍정적인 변화가 시작될 것이라는 확신이 생겼다.

하루가 다르게 빠르게 바뀌고 변화하는 시대에 요즘 아이들은 생각하는 것을 어려워한다. 창의적 사고를 갖기 위해 다양한 경험을 해야 하며, 수많은 시행착오도 거쳐야 한다. 그러나 우리 아이들은 늘 시간이 부족하다고 한다. 바쁘게 움직이고 빠른 결과를 요구하는 이 시대에 충분히 생각을 되새김질 할 여유라는 것이 없다. 성공이라는 하나의 잣대를 가지고 생각할 수 있는 시간조차 빼앗고 있지는 않은가? 반성해 볼 일이다. 이렇게 자란 아이들이 성인이 되어도 달라지는 것은 없다. 눈앞에 주어진 일에만 치중하는 근시안적 사고를 가지고 하루살이 인생을 사는 경우가 얼마나 많은가? 미래를 내다볼 수 없는 이들이 과연 큰 꿈을 품을 수 있을까?

그들에게 충분히 생각하고 행동을 한다는 것은 얼마나 어려운 일인가? 생각하고 행동하기 전 우리는 행동을 먼저 강요받지는 않았을까? 그러다 실패하고 좌절하고 포기하고 놓아버리는 악순환이 되풀이 되고 있지는 않을까? 생각이 깊어졌다.

'변화의 주체는 '나'이다. 나의 사고가 바뀔 때 세상은 변화한다.'

가장 중요한 것은 나의 생각이라는 것이다. 나는 변화하지 않으면서 다른 사람들이, 세상이 변하기를 바라는 것은 어불성설(語不省說)이다.

새해가 시작된 지 불과 며칠이 지났을 무렵 새벽에 잠이 깼다. 시계가 새벽 2시를 지나고 있었다. 요즘 들어 숙면을 취하지 못하고 몇 번

씩 어둠을 열어 눈이 떠지는 것이 갱년기 탓인지 생각할 것이 많아서 그런지 한번 깨고 나면 다시 잠들지 못하고 생각이 꼬리를 문다. 그동안 너무 바쁘게 힘들게 아등바등 거리면서 살아온 듯싶다. 하루가 다르게 나이를 일깨우듯 몸의 이곳저곳이 삐걱대기 시작하는데 앞으로도 이렇게 긴장하면서 달릴 수가 있을까? 갑자기 불안해지기 시작했다. 자신이 없다. 어둠이 가져다주는 고요 속에 심장이 요동치기 시작한다. 거센 파도위의 돛단배처럼 흔들린다. '이 심장이 어느 날 갑자기 멈춤으로 생을 마감하는 것은 아닐까?' 불안은 가속도가 붙는다. 빨리 원인을 찾아서 불을 꺼야 한다. 머릿속 복잡한 전기회로가 부화가 된 듯 얽히고설켜 우왕좌왕 정신이 없다. 그러다가 의외의 해결책을 찾아냈다. 그것은 목표를 바꾸는 것이다. 연말에 심사숙고해서 결정한 문구를 수정하는 것은 쉽지 않았다. 그러나 1년 동안 나를 지켜줄 중요한 지침이기에 과감하게 버렸다. 그리고 새로운 목표를 정했다.

'어제 같은 오늘, 오늘 같은 내일'

어제도 열심히 살았으니 오늘도 어제처럼, 그리고 내일도 오늘처럼 하루하루를 꼭꼭 씹어 소화시키며 살아야겠다는 바램을 담았다. 사람은 생각하는 동물이라 했던가? 생각을 바꾸니 세상이 편안해졌다. 질풍노도의 심장도 잠잠해졌다. 평온이 왔다.

'잘했어. 그래 참 잘했어!'

놀란 마음을 진정시키며 토닥인다. 어떤 일에 성공하려면 자신에 대한 믿음과 확고한 결심이 중요하다. 반드시 잘할 수 있을 것이라는 가능성에 대한 지지이다. 수정된 목표는 수정되기 전과 180도 차이가 나지만 궤도를 이탈한 것은 아니다. 단지 노선이 바뀌었을 뿐이다.

긴장을 늦추고 내게 주어진 하루하루의 시간들을 천천히 음미하면서 한 발자국씩 내딛으려 한다. 앞으로만 내달린 내 남은 삶에 한 조각 햇살 같은 여유로움을, 소홀했던 관계에서의 소중함을, 진정 중요한 삶의 가치가 무엇인가를, 생각하며 살아가야겠다.

자신이 하고 싶은 일을, 그리고 가장 잘하는 일을 하면서 살 수 있다면 그것이 참 행복이다.

그래서 지금 나는 행복하다.

이별의 변주곡

- 삶과 죽음을 위한

'○○○ 부친상, 발인 ○○일, 장지 ○○○'

중년이 되니 지인들 부모님 부음을 알리는 문자가 잦다. 100세 시대 운운하지만 망자(亡者)가 여든이 넘으면 호상(好喪)이라 여기며 담담하게 받아들이는 듯 곡소리조차 드물다. 옛날에는 초상이 나면 구슬픈 상여가를 들으며 상여가 산으로 오르는 날까지 며칠씩 온 마을 사람들은 자신의 일처럼 함께 슬퍼하며 일손을 거들었다. 문상 온 손님으로 북적이는 가운데에서도 자식들은 구슬픈 곡을 하며 부모 잃은 슬픔을 토해내어 듣는 이들의 눈시울을 적시곤 했다. 그러나 요즘은 거의 병원 영안실이나 장례식장에서 초상을 치르다 보니 하나의 행사를 치르듯 간소하고 형식적인 느낌이다. 슬픔이 용해된 분위기도 시간이 지나면 망자를 잃은 아픔은 잊은 듯 화기애애한 분위기까지 연출된다. 소식 끊겼던 이들과의 반가운 해후와 알코올 성분의 영향으로 목소리 톤

이 높아지기도 한다.

지병으로 앓고 계시던 할아버지의 부음을 받은 것은 고등학교 2학년 때였다. 할아버지는 전형적인 유교사회 양반이 지니고 있던 사고와 행동으로, 특히 아들과 딸에 대한 차이를 차별로 실천하신 분이다. 장손인 남동생에 비해 언니와 나는 늘 주변인이었다. 전직 교사 출신답게 깐깐하시고 엄격하셔서 살갑게 대하지 않았던 터라 별세 소식에 어떠한 감정의 흔들림도 없었다. 더구나 슬픔으로 전환되기 전과정 역시 지나치게 무덤덤하였다. 그러나 장지(葬地)에 도착 후 이미 파 놓은 땅속으로 관을 넣을 때 이별에 대한 아픔이 회오리치듯 가슴으로 밀어닥쳐 목 놓아 서글픔을 드러냈고, 빈산 차가운 땅 속에 할아버지를 혼자 두고 갈 수가 없다며 또 한 번 오열하였던 기억이 난다. 그 이후 작은아버지가 심장병으로 갑자기 돌아가셨을 때 다시 찾은 선산에서는 슬픔을 삭히시는 아버지에 대한 염려로 정작 눈물 한 방울 흘릴 수 없었다. 이북이 고향인 할아버지와 아버지, 그리고 작은아버지, 삼부자는 1·4 후퇴에 쌀 한 말을 짊어지고 자유를 찾아 남쪽으로 넘어왔고, 통일에 대한 염원이 녹슬어 단 한번만이라도 고향 땅 밟아보기를 소원하며 살아왔는데 두 분을 먼저 보내고 아버지는 어찌 사실까? 아버지마저 버텨왔던 삶의 끈을 놓으시지는 않을까? 노심초사하느라 슬픔을 쏟아 낼 여유가 없었다. 이별은 준비가 필요하다. 떠나는 자나 남는 자 모두에게 슬픔을 삭힐 수 있는 시간이 필요하다. 그래야 맺혔던 한(恨)을 정화시킬 수 있기 때문이다.

긴 겨울을 보내고 맞이하는 싱그러운 봄 햇살과 찬란한 신록의 만남은 시작이다. 그리고 단풍이 낙엽이 되어 빈 가지로 남는 가을, 우리는 이별을 생각하며 가슴 한가득 그리움을 품고 산다. 아름답게 품어내는 짙은 단풍빛이 시간이 갈수록 더 붉어지는 이유는 생의 마지막 순간에 혼신의 힘으로 보여주는 심장의 고동소리이다. 사람의 일생을 사계절에 비유하기도 하는데 지금의 내 모습이 어느 계절일까 생각해 본다. 텅 비어버린 들녘을 보아도, 빈 가지로 허허로이 울고 있는 나무를 올려다보아도 견딜 수 있는 것은 별리(別離)의 아픔을 치유하는 새 봄이 기다리고 있음을 아는 까닭이다.

얼마 전 6학년 아이들과 '안락사 허용 문제'를 가지고 토론 시간을 가졌다. 몇몇 국가에서는 공식적으로 독극물을 투약하는 적극적 안락사마저 허용한다고 하는데 과연 생(生)을 연장할 수 없는 시한부 환자의 고통을 줄여주기 위해 안락사를 허용해야 하는가에 대한 내용이었다. 인간의 생명을 존엄하게 보고 스스로 자신의 생명의 마지막을 선택할 수 있는 존엄사는 서양에서는 자신이 의식을 잃었을 때 어떠한 의료행위로도 생명을 연장시키지 말고 자연스럽게 죽음에 이르게 하는 소극적 안락사와 비슷하지만 자신의 선택 여부에 따라 달라질 수도 있다. 아이들은 심각하게 생각하지 않고 어차피 살 수 없다면 고통 없이 죽는 것이 더 낫지 않겠느냐며 가볍게 의견을 모은다. 환자 스스로가 의식이 있어서 고통 없는 안락사를 원하거나 또는 의식이 있을 때 자신의 의사를 표현했다면 모르겠지만, 혹여라도 가족들이 경제적 부담의 이유를 환자의 고통을 줄이기 위한 길이라 위장하여 한 사람의 소중한 생명을 쉽게 포기한다는 것은 안타까운 일이 아닐까? 하며 반론을 제기했다. 그리고 우리나라에서 안락사를 허용하지 않는 이유도 살아날 수 있는 가능성을 접고 미리 포기하는 경우가 생기거나 잘못 악용될 소지가 있어서 그런 것 같다고 말해주었다. 그러나 어떠한 것이 옳은지는 자신의 처한 상황에 따라 입장도 달라지는 법이니 옳고 그름을 논의하는 것조차 의미 없어 보였다.

우리는 대부분 건강하게 오래 살고 싶어 한다. 맛있는 것을 먹으며 행복해하고, 가고 싶은 곳을 여행하며 새로운 감동을 찾아내기도 한다. 또한 묵은지 같은 친구들과 만나 시간을 잊은 채 수다도 떨다 한바탕 배꼽 빠지게 웃기도 하며, 사랑을 주고받을 수 있는 가족들에 대한 감사도 잊지 않는다. 이것이야말로 사는 맛이며 멋이다. 그러나 의식 없이 몇 년 동안 병원에 누워서 시간을 보낼 수밖에 없다거나, 몸을 지배하고 있는 지병으로 스스로 제어할 수 없을 때의 삶은 누구를 위한 목숨의 연장일까 생각해본다.

신록이 짙어질 무렵 갑작스런 친구의 부음을 받고 혼비백산하여 영안실을 찾았다. 학창시절 유달리 자존심이 강했던 친구였기에 그의 극단적 선택에 원망보다는 안타까움과 허망함으로 가슴이 저려왔다. 생전의 모습이 초라한 영정사진으로 남아 산자들을 내려다보고 있는데 '산다는 것이 그리 힘들었을까?', '이것이 가장 최후의 선택이었을까?', '마지막으로 말하고 싶었던 메시지는 무엇일까?'를 생각하며 지나간 시간의 그림자를 거꾸로 돌려 낡아진 끈을 놓치지 않으려 눈을 감았다.

'죽지 못해 산다'라는 말은 우리의 살아가는 길에 굴곡이 많음을 의

미한다. 죽을 만큼 힘들고 당장 포기하고 싶어도 하루가 지나고 나면 새날이 올 것에 대한 희망이 삶을 이어준다. 현실을 견디지 못하고 자신의 삶을 포기하는 모습을 보며 '오죽 했으면 그런 선택을 했을까' 싶다가도 '오늘이야말로 하루라도 더 살고 싶어 하다 어제 생을 마친 사람들이 그토록 원했던 내일이었는데.' 하며 한걸음씩 또 하루의 발자국을 새긴다.

살아가면서 우리는 수많은 이별을 한다. 우연찮게 헤어져서 다시는 연락할 수 없는 친구들, 또 가까웠던 사이였는데 사소한 오해로 헤어져 매듭을 풀지 못한 경우도 있다. 그러나 가장 아픈 것은 생(生)과 사(死)를 갈라놓는 이별이다. 물론 그것은 살아남은 자의 몫이다. 다시 볼 수 없음에, 다시 만질 수 없음에 대한 통곡이다. 그러나 머지않아 과거의 빛바랜 한 컷 기억으로 남겨질 것이라는 것을 알지 못함이다.

나이를 잊은 듯 톡톡 튀는 개성 있는 모습과 언변으로 매스컴에 자주 나와 '행복 전도사'라는 별칭까지 얻었던 이가 자신이 앓고 있던 수많은 통증의 고통을 이겨내지 못하고 죽음을 선택했다. 타인에게 끊임없이 '행복하게 사는 법'을 알려주었지만 정작 자신은 늘 가시밭길을 걷고 있었다고 생각하니 그가 겪고 있던 통증이 가슴에 그대로 와 닿았다. 당사자 외에는 어느 누구도 그토록 사랑했던 남편도 대신 감당해 줄 수 없었던 고통으로 '사는 것이 죽음보다 힘든 삶'을 살았다니 그의 얼굴이 한동안 무기력 상태에 빠진 나를 괴롭혔다.

가을의 막다른 길목에 서 있다. 거장(巨匠)의 붓질로 채색된 산과 농부들의 땀방울로 익어가는 누런 들판, 바람 따라 리듬을 만드는 억새 가득한 산책로, 그 어디를 둘러봐도 한 폭의 풍경화다. 한 컷 한 컷 머릿속에 각인시키려 시간을 잠깐 정지시킨다. 낙엽은 바람 따라 구르다 밟히고 부서져 소멸된다. 이 순간에도 수많은 생명이 세상을 떠나는 것과 같이, 이별은 기다림에 대한 단절이다. 언젠가 만나게 될 무언의 약속에 대한 포기이다. 그러나 이별 뒤에 다른 색깔로 찾아오는 만남은 또 다른 설레임이다. 끊임없이 되풀이되는 이별과 만남의 순환궤도 앞에 마음을 내려놓고 비우는 연습을 해야겠다. 모두와 헤어지는 그날까지….

	강병남 한국문인협회 · 국제펜클럽 회원, 조선수필문인회 회장 수필집 : 문열기 연습 / 시집 : 언어의 창 서울 서대문구 연희 맛로 34 E-mail : namgangcom@gmail.com
	김경남 한국문인협회 · 국제펜클럽 회원, 조선수필문인회 이사 수필집 : 종이 속 영혼, 내 영혼의 뜨락 경기 광주시 오포읍 신현로 65-24 현대모닝사이드 1차 201-1504 E-mail : kkn49@hanmail.net
	김광화 조선문학문인회 부회장, 조선수필문인회 이사, 김광화치과 원장 경기 부천시 소사구 호현로 492 김광화치과의원 E-mail : dentkkh@hanmail.net
	김평화 조선문학문인회 회원, 조선수필문인회 이사, 하와이한인문인협회 회장 수필집 : 사랑의 아이콘 1200 Queen Emma St. #2501 Honolulu Hawaii 96813 E-mail : kimpyonghwa@gmail.com
	김혜자 조선문학문인회 · 오리곤문인협회 회원, 조선수필문인회 이사 1911 NW43rd Ave amas, WA 98607 U.S.A E-mail : nancykmoore@msn.com
	시우미 한국문인협회 · 국제펜클럽 회원, 조선수필문인회 이사, (주)이앤아이월드 고문 수필집 : 겨울나무 서울 송파구 송파대로 28길 43 송파웰츠타워 1506호 E-mail : sanjeong4312@hanmail.net

	엄영선 조선문학문인회 · 하와이문인협회 · 조선수필문인회 회원 수필집 : 인생은 예술품 1545 Kalakaua Ave #1009 Honolulu HI 96826 E-mail : umyongsun@gmail.com
	윤항중 조선수필문인회 이사, 모스퍼실리티 회장, 예비역 육군소장 수필집 : 아들아! 나는 청춘을 군인으로 살았다!(국방진중문고351호) 서울 송파구 송파대로 28길 43 송파웰츠타워 1506호 E-mail : yhj5727@hanmail.net
	임현도 조선수필문인회 이사, 사계수필문인회 회원, 가평군복지재단프로그램 강사 서울 강동구 성안로 147 E-mail : j0095kr@hanmail.net
	장원의 한국문인협회 · 국제펜클럽 회원, 조선문학문인회 고문, 장안과의원 원장 수필집 : 백년 후에 / 시집 : 길에서 길을 묻다 서울 서대문구 수색로 38 우창빌딩 3층 장안과의원 E-mail : wka5677@hanmail.net
	정영자 조선문학문인회 · 사계수필문인회 회원, 조선수필문인회 총무 서울 동작구 상도로 47바길 40, 102동 802호(상도동, 상도패리스) E-mail : solip630@hanmail.net
	한주운 국제펜클럽한국본부 · 한국문인협회 회원, 조선수필문인회 이사 경기 하남시 창우동 은행아파트 105동 201호 E-mail : readerhan@daum.net

조선수필

2015년 2월 15일 인쇄
2015년 2월 25일 발행

지은이 / 조선수필문인회
발행인 / 박진환
펴낸곳 / 조선문학사
등록번호 / 1-2733
주소 / 120-853 서울 서대문구 통일로 389(홍제동)
대표전화 / 02)730-2255
팩스 / 02)723-9373

ISBN 978-89-98115-98-2

정가 10,000원

* 인지는 저자와 합의 하에 생략
* 잘못된 책은 서점에서 교환해 드립니다.